書くことは、夢をかなえること

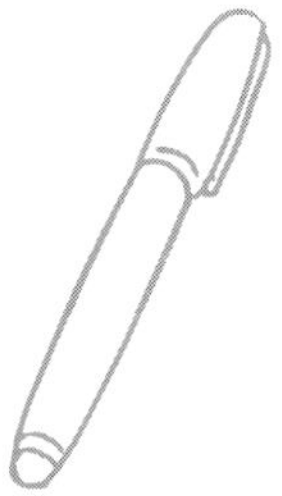

藤沢優月

Discover
ディスカヴァー

はじめに

どんなご縁で、この本のページを、めくってくださったのでしょう。

あなたは、何を探している、さいちゅうでしょうか。

空の色が変わり、季節が刻々と巡ってゆく、そんな時間の中。

心は、何に引力を感じて、どんな偶然のはからいで、この本と出会ってくださったのでしょう。


あなたしか、知らないことかもしれないけれど……。もしかして、何度も何かにトライして、くじけそうな気持ちになっているところ？

この世界には、望みがかなう人と、かなわない人がいると、思っているでしょうか。

まるで、自分だけ「のけもの」みたいに感じて、さみしい思いをしている？

自分が、わからない？

だから、仕事や居場所、生き方が決められない？

喜びに満ちて、毎日を送れるなんて、綺麗事だと思っているでしょうか。


でも、よく考えてみてください。

あなたの心が、苦しみ、悩むということ。

それは逆説的に、あなたの心が、

「違うよ。私に、本当に『見えている』のは、この生き方じゃない」

こう主張しているのだとは、いえないでしょうか。


誰の人生の中にも、ぴったり納得のいっているものが、あるでしょう。

たとえば、好きな食べもの。たとえば、好きな服。

ぴったり納得のいっているものに、人は違和感も覚えないし、苦しみもしません。


逆に言えば、「苦しい」「違和感がある」という現象。それは、今悩んでいることや、解決を探している選択肢が、ぴったり納得のゆくものではないことをさしている。

「別の選択肢が、あるよ」

心が、そうメッセージを告げているからこそ……。

その選択肢を探して、あなたの心は、旅の途中にあるのかもしれません。


心の中には、いろいろな声があります。

「これじゃ嫌だ」から、「もっと、こういう人生がいい！」まで。

その「もっと、こういう人生がいい」の、心の声に応える形で、あらゆるものが、あなたの元にやってきます。

あなたの願いや夢の力を、応援するためです。

この本もきっと、そのうちのひとつでしょう。

その状況を、「解決したい」「乗り越えたい」と願ったから……。

その助けになるものとのあいだに、こうやって、縁がつながれたのです。


この本に書かれていることは、かつての私の物語でもあり、もしかしたら、あなたの物語かもしれません。

私たちはみんな、深いところで、つながっている。そして必要な時に、いろいろな形や方法をとって、縁がつながります。そうして、互いに助け合いながら、状況を乗り越えたり、成長してゆくのです。

そのために必要なことは、心が全部知っています。

でも今は、心の中の想いを現実に変える、具体的なイメージやタイミングが、わからないだけかもしれません。


この本は、それらのステップや、心の本音が見えやすくなるように、工夫されています。

まずストーリーがあり、その後に、ワークページが続いています。主人公の心とシンクロするようにして、ワークページに本音をつづってゆくことで、あなた自身の心と対話しやすいしくみに、整えておきました。「紙がもったいない」などと言わずに、ペンが進むままにぜひ、書き込んでみてください。また、文中ページに、つらつらと書き込んだ本音を、あらためて巻末ページに整理してみると、変化の流れが、ぐっと見えやすくなるはずです。

「書くことは、夢をかなえること」

心は、あなたが行きたい方向と、生きたい人生コースを、全部知っている。

だから、この本を「使う」ことで、答えに近づいてほしいのです。


私の話を、少しさせてください。

私は今は、本を書く仕事をしています。でも、そうでなかった時は、道に迷っていました。自分がいったい、どう生きたらいいのか、どんな可能性があるのかが、まったくわからなかったのです。

日々迷いながら、本屋の棚のあいだをウロウロと歩き回る、暗闇の時間。そんな状況の中で、ずっと心をとらえて離すことがない、気になるフレーズがありました。それは、こんなものです。

「書くと、夢がかなう」

……「そんなバカな、そんな単純な」。最初はそんなふうに、かすかな反感すら覚えました。

誰だって、そう思うでしょう。

いわゆる世間でいう「夢がかなう」こと。それには、山ほどの努力と、恵まれた才能、条件のよい人生のスタートが必須そうに見えます。あるいは、たくさんお金をかけてもらい、よいスタートを与えられた人だけが、そのまま勝者コースを歩くイメージ……。私には、そのどれもが、ありませんでした。

でも、いろいろな本から、まるで形を変えるようにして、何度も何度も、似たようなメッセージを受けとり続けた結果、信じてみたくなりました。

「書くことで、夢がかなう」

もし、そんなシンプルなことが、本当なら。私だって、その仲間入りをしたい。

そうして、ダメもとで、ノートと向き合う日々がはじまりました。まるで、この本の主人公のように……。そうしていつしか、書くことは、私の習慣の一部になっていました。書くことで、自分の心の本音と、毎日対話をするのです。

そうして、しばらくが過ぎ……。何冊ものノートを通じて、心と対話を繰り返した私は、何者でもない状況から、本の著者になっていました。

まさに、書くことで、夢をかなえたのです。私の世界が、大きく変わった瞬間でした。

そして、私の夢は今でも、現在進行形で成長中。書くこと、心と対話を続けることで、夢をかなえ続けているのです。


奇跡は、起こります。

そして奇跡は、心が起こします。

奇跡は、ありふれたことです。日常の中に、いつもあります。

たいがいの場合、映画のように、BGM つきではやってきません。

「ジャーン！　これが奇跡だよ」みたいな感じにはならないのです。


でも、すべての縁は、つながっている。

そして、必要な時に、あらわれる。

あなたの人生を助け、望み通りにするために。

実はこのことが、何よりの奇跡ではないでしょうか。


あなたが主役の「この人生」。

一人一人がみんな、自分の人生の主役です。

この時間の、ほんのすこし先には、心から望んで、そう生きたいと求めている人生が、待っているかもしれません。

勇気と元気を出して、時間の上での、この不思議な冒険を、もう一歩進めてみませんか？


あと何ページかめくったら、それが、はじまります。

STEP 3

STEP 4

作戦会議 長所を活かした作戦を立てる 102

STEP 05

挑戦 「WIN-WIN」になれる場所を探す 120

プロローグ

終わりとは、
新しいはじまりのこと

「誰もが、自分らしい人生を、生きてゆく。
そのために成長し、学び続けなければならない。
『今ここ』目の前の状況を、心で感じて、乗り越えてゆかねばならない。

自分の手で、自分の人生を、つくってゆくのだ」

淡い月が、空に、笑っている。
それは、冷たく私を見おろしているようにも見え、あるいは、ほんわりと見守っているようにも見える。

柔らかく、あるいは、ほの暗くも見える、月光の中。
何かがはじまる予感がした。

［０－１］

終わりのはじまり

すっかり歩き慣れた、いつもの帰り道。

各駅停車しか停まらない街。決して大きくもないこの場所には、ちいさなパン屋と、いくつかのカフェがある。

隣の駅まで続くのは、ちいさな川沿いの遊歩道。

遊歩道のほとりには、マンションとアパートが連なる。建物のあいだに、あるいは一階のテナントとして、のんびりと営業する店たちが、街に彩りをそえている。

個性あふれる店から漏れるのは、のんびりとしたBGMや、温かなオレンジ色の灯。そのうちのひとつ、ドアを開け放ったレストランからは、陽気な笑い声が響いてくる。

マンションとアパートのあいだから見上げると、インディゴ色に染まった夕空が見える。そこから、今のぼったばかりの月が、青くひんやりと、私を見ている。

「たぶん、契約は更新にならないよ。っていうか現状、しないよねー。世の中的にも、する必要がないしねー。まあ一応、事前情報ね」

長い派遣契約の私に、直属の上司から、放たれた言葉。まるで、いつもの嫌味な冗談の延長みたいな口調で、声をかけられた。

ということは、数年ぶりにまた、就職活動か。……がんばって見つけた就職先で、自分なりに、がんばったのに。

でも……。言われても、仕方がないよね。

仕事、好きじゃないもん。

言葉にならない言葉が、心の中を、ぐるぐると渦巻く。

いつも、矛盾につきあたる。お金がないと、生きてはゆけない。でも、お金だけで仕事を選ぶと、根本解決からは遠いから、一周して、スタート地点に戻ってしまう。

こうやってずっと、悪循環している。

なんで、こんなことになったのだろう。

どこで、ボタンを掛け違えたのだろう。

心のどこかで、切望していた。よくできた小説や映画みたいに、いつか私にも、チャンスが来ると。でも、けっきょくそんなものは来なくて、今になってしまった。

そうして、すっかり道に迷って、行きたいはずの場所すらわからなくなった。

「すべきこと」なら、山ほどある。「こう生きるべき」も、山ほど。

でも、「したいこと」なんて、わからない。

重い足どりはいつしか、川沿いの遊歩道のなかばあたりで、ぴたりと止まった。木の柵に寄りかかって、流れてゆく水を見つめる。夕闇に、キラキラと反射する水面。遊歩道に沿って軒を連ねる、いくつものお店のライトがうつり込んで、瞬きながら、きらめいている。

星型のランタンから漏れる、オレンジ色の光。イルミネーションみたいに点滅する、黄色の光もある。無数の、異なった光が、柔らかに流れる水面を彩る。

美しくて平凡な光景を、ただただ、ぼーっと眺めていると……、

「わっ！」

誰かが、お尻に触った！

「すみません！」

後ろから、すっかり慌てた男の人の声。そして……犬？

振り向くと、つややかに濡れた、犬の鼻。グレー地の、地味なパンツスーツのお尻のところに、黄金色の毛並みに包まれた、長くのびた顔があった。その先には、楽しそうに輝く目が、笑っている。

「犬か……」

犬の先をたどってゆくと、鮮やかなブルーのリードを持った、中年ぐらいの男性。水色のパリッとしたシャツを着たおじさんが、すまなそうに謝っていた。

「すみません。ふだんは絶対、こんなことをしないのに……」

「大丈夫です」

思わず、ぺこりとお辞儀する。

そして、当事者の犬はといえば、人間の都合なんておかまいなし。

つやつやとして、触り心地がよさそうな毛並み。動物らしい、速い呼吸。「遊ぼう！」と誘っているかのように、目が、キラキラとこっちを見ている。

犬は、幸せのかたまりだ。人生も人間も、信頼しきっている……。

すると、

「あれっ……」

ほほに、涙が伝う。不意にあふれてきた涙は、止めようと思っても、どうにもできなかった。

[0-2]

偶然のはからい

「そうですかー」

中年の男性……おじさんは、そう言うと、穏やかに微笑んだ。

犬はといえば、おじさんの隣で、おとなしくおすわりしている。まるで、

「邪魔しませんよ」とでも言うように、つやつやの背中をこちらに向けて。

「すみません、見ず知らずの方に……。いきなり泣き出して、びっくりしましたよね。……犬のせいじゃありません。契約の打ち切りを告げられたことがショックで、自分の甘さがショックで……」

心配させないために、事情を手短に話すと、おじさんは、ははははと笑った。

「人生、そういうことも、ありますよね」

そして、穏やかに続けた。

「ちらりとうかがっただけですが、とってもまじめで、一生懸命なことですねえ」

私は、思わず苦笑いする。

「そうですか？　むしろ、自業自得です。よく『あなたは、何を考えているかわからない』『あなたには、意見がない』って言われます。そうなのかもしれません。だから、こんなふうに、流されるままなのかも」

そう口にした後、ポツリと加えた。

「……本当は、考えが『ない』んじゃなくて、どうしていいかわからなくて、怖くて言えないだけなんですけどね」

するとおじさんは、しみじみとうなずいた。

「そうですよね。


意見がない人なんて、いないよね。『ない』ように見えるけれど、誰もがちゃんと、自分なりの意見を持っているしね」


「……そうなんですか？」

「平気なふりをしていても、それは『ふり』だけで、誰でも懸命に生きているると、おじさんは思うなあ。一生懸命生きていない人なんて、いないんじゃないですか？　ただ、うまく整理できないだけで。……心が整理できたら、きっと、いろいろ花ひらくんだろうね」

心が、苦笑いする。

「そんなに、シンプルなことなのかなあ……。生きるって、難しい。今の私には、越えられない壁と同じに見えます」

強がりさえ、在庫切れだ。何もかも「負けてしまった」今では、強がることすら、無意味に思えた。

すると、おじさんは明るく笑って、

「いやいや、そんなことないよ。まだまだ、こんなに若いのに」

川沿いのレストランから、ふたたび、はじけるような笑い声。

その声にシンクロするように、心がふと、記憶を運んでくる。私にもきっと、あんな頃があった。なんの責任も義務も、実感として「ない」。決して満足な時間ではなかったけれど、それでも、「なんとかなる」と無謀に信じられた頃。

そして、

「もう、そんなに若くない」

心の中で、そうつぶやく自分。これが、今の私。

すると、「そういえば」……と、おじさんが口をひらく。

「こんな言葉があります。


『やったことは、たとえ失敗しても、二十年後には笑い話にできる。でも、やらなかったことは、二十年後に後悔するだけだ』


……って。これはマーク・トウェインの言葉ね。

ふふふ。おじさんは、格言マニアなんですよ。

でもね、その通りだと思うなあ。振り返ってみても、まさに、ピンチは最大のチャンス。崖っぷちも『もうだめだ』も、いろいろあったけれど、勇気を出して、学んでチャレンジすることで、乗り越えられなかったことは、なかったなあ」

本当に、そうなのかなあ。そして、本当に、そうだといい……。

心が、遠くを見るのがわかった。すると、

「……なんて、おじさん偉そうだね」

「そんなことないです！」

ぼーっとしていた私は、慌てて言葉をひろった。

「ちょっと、考えていたんです。本当にそうなったら、いいなって」


気がつけば、すっかり、長い時間になっていた。

犬はあいかわらず、嫌な顔ひとつせずに、おとなしく座っている。私は、そんな犬の、耳と耳のあいだを撫でた。柔らかくてふわふわな毛並みと、優しさと、温かな体温が、手のひらに伝わってくる。そしてそのまま、自分のトートバッグに、自然と目が移った。

それは、ずっと手で持って抱えていた、いつものバッグ。日用品やら書類やらが、無造作に詰まっている。

ところが、さっきまで確かに、よくよく見慣れた、自分の荷物だったはずなのに。いつしかそこに、きれいな赤色の包みが乗っていることに、気がついた。

質がよくて、柔らかそうな、赤いパラフィン紙の細長い包装。ゴールドの細いリボンが、かけてある。

さっきまで、これはなかったことを、覚えている。そして、私が持ってきたわけじゃないから、それなら、おじさんの荷物から落ちたはず。

「あの。……これ、落ちましたよ？」

すると、おじさんは柔らかな笑顔で、私に告げた。

「それは、私のじゃないよ？」

[0-3]

ペンとの出会い

部屋に戻ると、テーブルの上に、赤い包みを置く。

そのまま目を上げると、テーブルの向こうの窓から、月が笑っているのが見えた。


不思議だ。

さっきまで、この窓から見える空は、ぴたりと止まっていた。冷たくて、無機質で、額縁の中の絵みたいに動かなくて、別世界のよう。

でも今は、何かが、少しずつ動いているように見える。

うっすらと見える星も、なんとなく、動いている。シャッタースピードを遅くした写真にあるように、ゆっくりと渦巻いて、笑っているかのよう。


ていねいに紅茶を淹れて、ふたたび、テーブルに戻る。

そうして、赤い包みをじーっと眺めた。

やっぱり、覚えがない。

あの遊歩道で立ち止まった時……犬が私をつついた時には、なかったはずだ。

「あけてみようかな。贈りものっぽいし。持ち主が誰なのか、ヒントがあるかもしれないし」

カードとか、お店の名刺とか、入っているかもしれないし。

ゴールド色の細いリボンに、指をかける。

そろそろと引っ張ると、するするとほどけた。包みに傷をつけないように、テープをそっとはがして、包装をとく。

すると、出てきたのは、箱と緩衝材に大切に包まれた、一本のペン。

シルバー色の胴体は、少しだけ重くて、ぷっくりと輝いている。

とりたてて個性もなく、でも「これがシルバーのペン」といったような、王道の形。なんの特徴もない中で、紙どめの部分に押された小さなロゴだけが、ほんの少しだけ個性をあらわしている。

もう一度、包みをあらためる。

手がかりになるようなものは……やっぱり、ない。


「……どうしたらいいんだろう」

そもそもこれ、私のものじゃないし。

交番に届ける？……でも、「知らないうちに、自分のカバンにワープしていました」なんて伝えたら、頭がおかしい子と思われるかも。

考えを整理しようと、紅茶の入ったベージュのマグに、ゆっくり手をのばす。

すると、突然、声が響いた！

「とっとと使えや！　こっちは、とっくにインク満タンや」

「うわっ、しゃべった！」

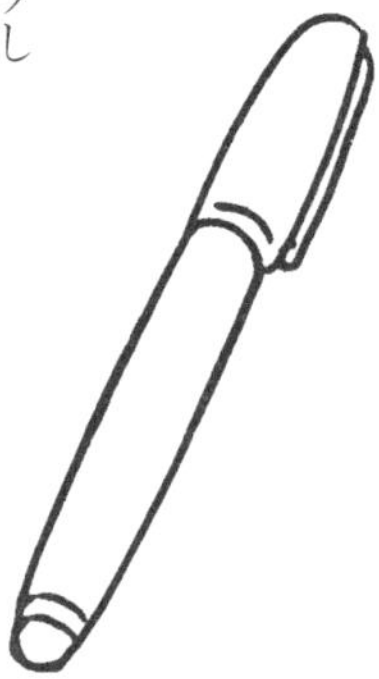

思わず、辺りを見まわす。……当たりまえだけれど、誰もいない。そりゃあそうだ、一人暮らしだもん。

おそるおそる、テーブルに目を戻す。……まさか。そんなわけない。というか私、どれだけ疲れているのか。

すると、

「アホか。こっちは出番を、ずーっと待っとったんじゃ」

何それ!?

「またしゃべった！」

「そらしゃべるわ。チャレンジせんと、人生ひらけんのじゃ。ぐずぐずしているあいだに、同じところで、ずーっと足踏みや」

えっ？　今日のおじさんと、同じこと言ってる。……っていうか、私、頭大丈夫？

まじまじと、紅茶のカップを見る。もしかして、紅茶が実は「違う葉っぱ」とか……。

「んなわけあるか。それより、学ぶ気になったら、さっさと動こうや」

「……まさかとは思うけど、あなたが、しゃべってるの？」

おそるおそる、話しかけてみる。すると、

「ペンがしゃべったら、なんかおかしいんかい」

とうとう私、「きて」しまったかもしれない。

すると、

「見てみい」

声が、テーブルの上のノートを見るようにと、告げた。

それは、私のノート。

日記でもなく、計画性があるわけでもない。あれこれと他愛もないことを書き出している、普通のノート。きっと、誰でも似たようなことをやっている、そんなノートだ。

ところが、めくるように言われたところを、めくってみると……やだ。

書いた覚えがない図が、書いてある。

「何これ……。なんか、ホラー映画みたい」

「ホラーやったら、もっと違うもん出るやろ」

「確かに」

ホラー映画なら、こんなに平和な状況になっていないし。


頭が全然、追いつけない。でも、そんなことはおかまいなしに、ペンはどんどんと、話を進めてゆく。

「ええか、ワシも真面目モードに切りかえるで。だからお前も、まっすぐに人生を、逆から見てみるんだ。……といっても、できないだろう。だから今、ここに、これがある」

不思議な図だった。

でも、体感として、なんとなく心当たりがある。

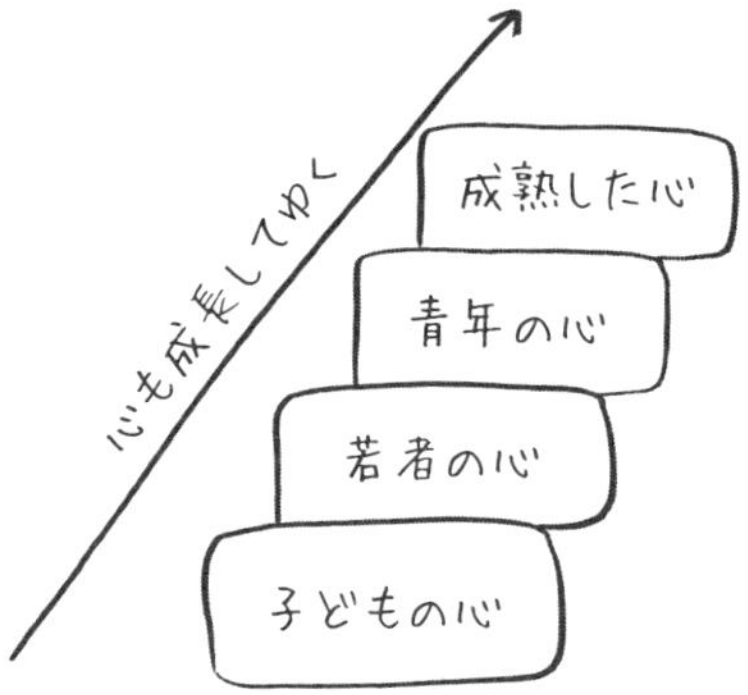

［0-4］

心の成長

「『時間の矢』の進みとシンクロして、お前が成長しないと、人生に取り残されるんだよ。時間の上で、お前の心が凍結していたら、人生が前には進まないんだ」

「どういうこと？」

「心の話だ。

身体と同じ。心も、成長する。心も、大人になってゆく。

『みんなと同じ』の世界の中から、心もまた卒業して、自分自身を探してゆくんだ」

何かが突然、心にヒットした。

「もしかして、今、私が直面していることを、言ってる？」

「そうだ」と、ペンはうなずく。

「お前がおかしくなってしまったわけでもないし、人生が終わりかけているわけでもない。

ただ、変化の時だというだけだ。

今までの方法は、お前の次の人生ステージには、通用しない。そんな受け身なやりかたは、時間がたつにつれて、役に立たなくなってゆく。でもまだ、新しいやりかたを知らないから、うまくゆかない」

「それって、この『もやもや』のこと？　自分がわからなくなったり、現実から逃げたり……」

私の問いかけが耳に入っているのか、ペンはおかまいなしに、どんどん続けた。

「心は、身体と違って、目には見えない。だから、目に見える現実を使って、サインを送る。『成長したい』という心の叫びを無視して、ひたすら『目に見える』現実のほうに、心をむりやり合わせると、『うまくいっていない』のサインとして、現実がゆきづまる。

世間で言う、『現状維持』というやつのことだな。

でも、これはぜんぜん現状維持じゃない。

なぜなら、時間は刻々進む。一方で、心の成長は、止まったままだ。

すると、どうなるかわかるか？　現実は『現状維持』にすらなっていないことが起こる。

後退だ」

これって、私のことだ！
「ある日、自分の時間の成長に、心がついてきていないことに気づいて、愕然とする。
もう一度言うが、心は、目に見えない。『感じる』ことで、はじめて、見えるものだからな。
でも、見えないからといって、『ない』ということでは、ないんだよ」

ペンからのアドバイス01

☑ 身体と同じく、心も成長する。
☑ 心の成長を止めてしまうと、人生がゆきづまる。
☑ 全身で「感じること」を通じて、心のサインをうけとる。

これって、まさに今、私に起こっていることだ！

心を無視して、感じないふり、見ないふり、ガマン。それよりも、目のまえの現実を和やかに。とりあえず、この問題が過ぎたら、考えよう……。

そうやって長いこと、心を殺していた。そうして、心をごまかしているうちに、感じることがわからなくなってしまった。

「心を見ないで、心を無視したまま、長い時間が過ぎてゆくと……。ある日、現実と内側のギャップに、愕然とする瞬間が来る。何をどうやったら、望む人生に戻れるのか、わからなくなってしまう。

あげく、いよいよ修正不能になると、心を殺したまま生きるようになる。『人生は、こんなもんだよな』って」

おそろしいほどに、部屋が静まり返っている。自分の心臓の鼓動まで、聞こえそうだ。

「……それでいいのか？」

「よくないよ！」

反射的に、心が叫ぶ。でも、その想いは、言葉となって出てはこない。きっと、理由があった。

こんな状況になっているのは、自業自得で、私の努力が足りないからだ。私が、さぼったから。だから、現実がこんなことになっている。

逃げずに向き合っている人は、きちんとした人生を送れている。

でも私は、いつも、逃げてばかり。だから、その罰として、人生が停滞している。そんな私に、偉そうに言えることなんて、何もない。

耳が痛くなるほどの、無言の時間。

すると、さっきまであんなに、追い立てるようだった声が、優しく告げた。

「お前はまだ、人生をあきらめてしまった大人や、可能性に嫉妬して、揚げ足をとったり、ひどく当たる大人のことなんか、きっと、知らないだろう。

このまま流されてゆくと、お前もそうなるということを、まだ知らないんだ」

「……それって、今の私のことじゃないの？　私はもう、十分そうなっているよ」

やっと、か細い声が出た。

「すべては、私がダメ人間だから、起こっているんだ」

ずっと、心のどこかで、抱えていた想い。自分でも、どうやって取り返していいのか、わからなくなっていた。

認めてしまったら、人生が崩れてしまいそうに思えた。だから、胸に押し込めて、隠して見ないふりをしていた。

でも、その苦い想いが今、最初の言葉になった。

するとペンは、まるで大切なことを言うぞというような声音で、こう告げた。

「いいか。そういうことじゃない。

人生をあきらめていない、『自分を生きている』大人とは、わかりやすい肩書きを持っているとか、名が知れているとか、そういうことじゃない。

肩書きを持っていても、名が知れていても、人生をとっくにあきらめて生きている人は、山ほどいる」

〔0-5〕

ちいさな希望の光

ふと、ちいさな希望の灯が、心にともった感触があった。

私は、自分の人生は、とっくに「終了エリア」に入ったと思っていた。たぶんこのまま、人生に色もつかないまま、時間が淡々と進んでゆくのだろうと。

日々やってくる時間は、消化すべき重いもの。そうして、重苦しい明日が来ることに、耐えてゆかなければならないものになる……そんなふう

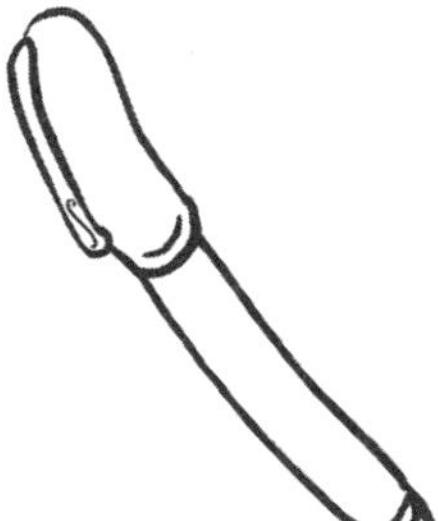

に。

でも、もしかしたら、そうじゃないかもしれない。

私はただ、いろいろ「知らない」だけなのかもしれない。

ペンは、力強くうなずく。……冷えた頭で、よく考えれば、ペンがうなずくわけがない。でも、その時の私には、強く同意する空気が、確かに伝わってきた。

「そうだ。

人生の時間は、そんなに単純じゃないぞ。それどころか、もっとシンプルで、奇跡的で、美しくできている。

心を殺さず、心についてゆくと、心と共に生きられる。その人それぞれに、いちばん満足する人生が、ちゃんと見つけられる。

名づけるなら、それぞれの『第一希望の人生』というやつだな。それを『生きている』人の輝きが、本物の宝石だ。

名も知れぬ宝石たちは、たくさんいる。……名の知れた宝石たちより、もっとたくさん」

その世界を、言葉で説明できるぐらいのことを、私は知らない。「うまくいっている人」といえば、立派な家を持って、お金を持って、挫折を華麗に乗り越えて、多くの人から「すごい」と思われている人……というイメージぐらいしかない。

でも同時に、気づいていた。不思議な輝きを放つ、不思議な人たちがいることに。

うまく言葉にできないけれど、いうなれば、「自分に満足している人たち」。

とりたてて、派手な暮らしも、していない。でも、言葉にできない豊かさや、美しさの空気をまとっている。

「そうだ」

ペンは、また、うなずいた。そして、問うた。

「お前は、どっちになりたいんだ？」

「……えっ？」

「もう一度言うぞ。

お前は、どっちになりたいんだ？」

ペンからのアドバイス 02

「幸せな人生」は、肩書きや持ちものとは、ほとんど関係がない。

幸せな人たちとは、「自分の人生」を生きている人たちをさす。

「第一希望の人生」を生きることなら、誰にでもできる。

[0-6]

ほろ苦いゆきどまり

「やっぱり契約更新は、なしだってよー」

ランチ終わりのついでに、上司が、私のデスクに寄った。

周りが、みんな聞いている。でも、そんなことはおかまいなしに、ランチで使ったつまようじをくわえながら、いつもの調子で続ける。

「まあ、就職活動の時に、人生しっかり考えていたら、こんなことにならなかったんだけどねー。世の中って、そんなに甘くないからさ」

シーンと、静まり返るフロア。私は必死で、目の前の画面に注意を戻す。

上司は気が済んだのか、ニヤニヤと笑いながら去っていった。

ほどなく、フロアがざわざわと動き出す。みんな、通常の仕事モードに戻ったあかしだ。

でも、画面から目を上げることは、とうていできなかった。表情を動かすと、ぽとりと、涙が落ちそうだったから。おまけに、ピリピリとしたオーラが、こちらに向かってくるのがわかる。ポンコツな私のかわりに、新しく雇われる、フレッシュな二人の女性。経歴優秀で、おまけに美人だ。

私、何をしているんだろう。

気づいた時から、ずっと、こうだった。

どうせ、成功しない。それなら、そうなるのを目の当たりにして、傷つくのが怖い。そんな、予防線を張った生きかたで、自分を守っていた。するとじき、予防線の向こうの世界を、恐れるようになった。

まぶしくきらめく、実感と質感のある世界に生きている人たちを、羨ましく、密かに憎むようになった。

自分に理想を持てて、それを周りに堂々と宣言して、リスクを承知で行動に移している。特別な人生は、そういう人たちにだけ与えられた、一種の権利。しかも、入場切符が要る。

よい生まれ、よい育ち、よい性格……。でも、自分はそうじゃない。自分には、そう信じるだけの自信もないし、根拠もない。

このループが私の中で、とぎれることなく、延々と続いている。

こんな想いが、フロアのざわめきとともによみがえり、そうしてふたたび、心の中にしまわれていった。

[0-7]

人生いろいろと、縁

まるで、不思議な夢を見たような、次の日の夕刻。今月いっぱいは、出社する予定の、帰り道。買いもの袋をぶらさげて、夕暮れの遊歩道を、家に向かう。

さっきの言葉が、頭の中を、ぐるぐるとリフレインする。

「まあ、就職活動の時に、人生しっかり考えていたら、こんなことにならなかったんだけどね」

「世の中って、そんなに甘くないからさ」

考えを振り切りながら、ポツポツと歩いていると、遠くから、キラキラとはずむ、黄金色の物体がやってくる。首からのびるのは、鮮やかなブルーのリード。

おじさんと、犬だ。

私は、その場所でしばらく待って、おじさんに、お礼を伝えた。突然泣いてしまった上に、見ず知らずの人の弱音を聞いてくれたお礼に。

犬に引っ張られてやってきたおじさんは、やあとあいさつをして、ハハハと笑った。

「そんなことも、あるよね。人生、いろいろだよね」

念のため、ペンの入った包みのことを、もう一度たずねてみる。すると、やっぱり「知らない」という。

まさか、しゃべるペンが入っていたなんて、言えない。心当たりがないならば、話はここで終わり。

……ふと、ペンと交わした会話のことが、思い出された。そして、思わず言葉となって漏れた。

「人生って、やってみたら、できるのかな」

「やってみないで、どうやって、できるの？」

いつしか犬は、二人のあいだに座った。「待つよ」とでもいうように、ふたたび背中だけをこちらに向けて。

『いかなる犠牲、
いかなる危険をともなおうとも、
すべての危険の中で、
もっとも大きな危険は、
何もしないということである』

これは、J・F・ケネディの言葉ね。

つまり、人間はチャレンジすることで、成長してゆくんだね、きっと。

だから今『その時が来ている』ということじゃないかな」

ペンと、同じことを言っている。

でも、目の前の現状は、私にとっては、違う景色に見える。

目の前に立ちふさがっている、巨大な壁。その前には、クレバスがぽっかりと口を広げている。巨大な壁を跳べないなら、まっさかさまに、暗闇に吸い込まれて消える。……たいていの人は、たぶん跳べないから、人生のステージを次に進められるのは、一部の選ばれた人だけ。

目の前の状況は、まるで、サバイバルゲームのよう。

でも、もしかしたら、そのイメージ自体が違うのかもしれない。「何もかも終わり」ということでは、ないのかも。

「本当に、できるのかなあ」

「チャレンジしてみなければ、できるようにもならないさ。大丈夫。みんなそうやって『できない』から『できる』に、なっていっているんだからね」

遊歩道沿いの川は、いつも通りの景色。夕焼けの最後の名残りが、遠くの空を、オレンジに染めている。そこにはいつも通り、人々の楽しげなざわめきが、優しくこだましていた。

STEP 1

変化が起こっていることに、気づく

［1－1］

一歩を踏み出すと、動き出す

「『やってみたら、できるか』って？……あたりまえや！　やってみぃへんで、誰ができきんねんって話や」

「また、しゃべった！」

帰宅すると、マグカップになみなみの紅茶をそそぐ。マグをテーブルに置くと、ぼーっと、ノートを広げた。そのとたんの出来事。

シルバーに光るペンのほうを、じっと見る。

ちなみに、紅茶が、普通の紅茶なのかも、しっかり確かめた。信頼できるブランドのもので、缶の中からは確かに、紅茶の香りがした。

それなら、やっぱり、頭がおかしくなったわけじゃない。このペンが、確実にしゃべっている。……いや。それがまさに、頭がおかしくなったということか。

するとペンは、すかさず切り込んできた。

「お前の頭が、おかしくなったわけじゃない。なぜなら、よく考えれば、わかるだろう？　今までと同じことをしていたら、同じ結果にしか、ならないだろう」

確かに……。

それが理解できるほどには、私の頭は、まともだ。

「つまり、根本的な変化が必要だと、お前はうすうす勘づいてきた。そして、根本的な変化は、小手先の変化とは違って、怖いんだよ。何もかも、未知だからな」

確かに、そうだ。

新しい世界のことは、何も知らない。どう振る舞ったらいいかわからないから、足元がスカスカな感じがする。

「本気の変化は、怖いんだよ。

すべてが未知だからだ。

それなのに、変化の衝動は、内側から来ている。内側からつき上げてくる、わけのわからない、変化への実感があるからだ。

一方で、『みんなやっているから、とりあえず参加しようか』という、そんな変化もあるだろう？『とりあえず、私もそうする』とかいうやつだ。

それは、あまり怖くない。

なぜならそれは、他力な動機だ。自分の動機ではないから、弱くて、芯がない。失敗しても、痛くもかゆくもない」

ペンからの
アドバイス
03

☑本気の変化は、未知で怖い。
☑外側の、形だけの変化は、それほど怖くない。
☑感覚に注意を払ってみる。本気の変化は、心から強い衝動がやってくる。

なるほど……。苦《にが》いけれど、心当たりがある。

みんなデートしているから、とりあえず、それっぽいことに参加しておいたほうがいいかも。そういう理由で、誘われるままに出かけた日は、別になんとも思わなかった。

でも、その時、本当に好きだった人には、声すらかけることができなかった。

想いを、さとられたくなかった。

想いを知られて、迷惑がられて、距離が離れてしまうのが、本気で怖かったから。


きっと、それと同じだ。

本気になったものに、距離をとられると、怖い。立ち直れそうにない。

その後の人生コースまで、変わってしまいそうだから。

そして、私はまさに、こんな生きかたばかりしてきた。安全領域にとど

まって、少しでも本気になれそうなものからは、距離をとって関わらない。

そうして、傷つかないように自分を守りながら、ぬるい中で生きてきた。

それは、安全なはずだった。

でも今、傷つかないどころか、自分を、山ほど傷つけている。

「わかったか」というように、ペンは、うなずいた。

「じゃあ、今変わると、何を失うんだよ。今、変わらないなら、何を失うんだ?」

その問いかけは、突然、稲妻のように、私の全身を打った。

そうだ。

変化って、そういうことだ。

決まった結果が保証されてほしいけれど、そんなものなんて、たぶん、本当にない。

なぜなら、変化とは、まさに「これから起こること」だから。そして、起こしてゆくのは、この私。

だから、一歩を踏み出さなければ、本当にほしいものを得ることもまた、ない。

本当に、その通りだ。

「よく、目を見ひらいてみろよ。

人生は、チャレンジの連続だ。週末の予定や、アイスクリームひとつ選ぶ時も、それよりはるかに大きな決断の時も。

チャレンジは、無謀とは違う。

チャレンジってやつは、よーく準備をした上で、『失敗』と呼ばれる、何回かの調整を繰り返しながら、軌道修正しつつ進んでゆくやつのことだ。

そうやって、お前の『第一希望の人生』が、つくられてゆく。


それができないやつが、いると思っているのか？　そう生きていい『権利』って、何だ？　それは、誰が決める？」

どしんと、胸に迫る問いかけだけを置いて……。そうして部屋は、ふたたび静かになった。

……夢だったのだろうか。

目の前のノートには、またしても、書いた覚えのない図。

でも、私は不思議と、図に求められるままに、ペンを走らせた。

WORK-01: 書き込んでみる

今の状況にとどまったまま、チャレンジ「しないで」、得るものはなんだろう。
逆に、失うものはなんだろう。
–
チャレンジして、得る可能性のあるものは、なんだろう。
逆に、チャレンジして、失うかもしれないものは、なんだろう。

[チャレンジしないで得るもの]

現状維持
失敗しない
プライドが傷つかない
いつわりの平穏
人からいろいろ言われないこと
傷つかないこと

[チャレンジしないで失うもの]

成長のチャンス
カラを打ち破るチャンス
新しい人生に踏み出すチャンス
新しい仲間との出会い
新しいことを知る機会
新しい自分と、出会う機会

[チャレンジして得るもの]

新しい生活？
新しい出会い
新しい仲間
楽しさ？

思いもよらなかった自分
自分の成長
収入増？

[チャレンジして失うもの]

傷つくかもしれない
失敗するかもしれない
失敗したら、今より低い
立ち位置・収入になるかも

周りから、いろいろ言われるかも
勝手だとか、無茶だとか
分不相応だとか
どう説明したらいい？
うまくいかなくて、
プライドが傷つくかも

WORK-01: 今度はあなたが書き込んでみる

[チャレンジしないで得るもの]

[チャレンジしないで失うもの]

［ チャレンジして得るもの ］　［ チャレンジして失うもの ］

【ペンからひとこと】

今までと違う生きかたにチャレンジしようとすると、「すべてを失う」という恐れが、湧いてくる。でも真実は、何かを失い、そして何かを得る。
前進したほうが、得るものが多いこともある。とどまっているほうが、失うものが多いこともある。書き出して、冷静に確かめてみる。

WORK-02：書き込んでみる

なぜ、望む人生を、生きられないと思うのか。
理由を、書いてみる。非現実的な答え、辻褄の合わない答えが出てきても、気にしない。

今まで、ダメだったから
今、あんまり望み通りではないではないから
平凡な職業だから
成功したことなんてないから（……ホント？）

成功した人生なんて、スタートが順調な人だけ、生きられる
（私には無理ということ）

大した学歴がない
目立った特技がない
一番になったことも、「これ」と言えるものもない

私は、ダメだから
私は、魅力的でないから
私は、十分ではないから

やってはいけないから
自分だけ、幸せになってはいけない
幸せになると、そのぶん、後からツケが回ってきそうだから

大変そうだから
苦労が多そうだから
望む人生を生きている人は、我が強くて、
　わがままな人たちだから（ホント？）

望む人生を生きたら、目標を見失ってしまいそうだから
（望むことは、手の届かない遠くにあったほうがいい……ホントに？）

夢をかなえてしまったら、そこから、どう生きていいかわからないから
嬉しすぎて、どう扱っていいかわからない、怖い

何もない私なんかが、望む人生をかなえたら、どう思われるか
必死でがんばっている人たちに、どう思われるか

WORK-02：今度はあなたが書き込んでみる

【ペンからひとこと】


心に渦巻いていることを、書き出してみると、辻褄が合わない考えが、たくさん出てくることに気づく。

それらの考えは、光が当たるまでは、おびやかし続ける。でも、光を当ててゆけばゆくほど、それらの考えは力を失う。

意識して気づいて、書き出せば書き出すほど、意味のない混乱から解放されてゆく。

気づき

STEP 2

人生のルールが変わったことを、自覚する

[2-1]

過去には、宝が埋まっている

夢中になって、ペンを走らせる。気づけば、ノートはぎっしり埋まって、余白にまで文字があふれていた。

書いたものを見て、思わず、うなる。頭の中でだけ、ぐるぐると考えていたら、絶対にわからなかったことだ。

「恐怖は、光にさらされると、消える」

そう、聞いたことがある。

本当に、その通りかもしれない。そして、こうやって書き出してみると、かたくなに恐れていたことのほとんどが、恐怖だ。

誰にどう見られるかとか、あの人に何を言われるだろうとか、そういうことばっかり。けっきょく、自分が「どう見られるか」ばかりを気にしていて、自分が「どうなりたいか」なんて、そっちのけだ。

これじゃあ、人生がどうにもならないのも、当たりまえだ。

第一、私の見栄やプライドなんて、いったいいくらの価値なの？

すると、すっかりどこかに行っていたはずのペンが、すかさずうなずいて、私を褒めた。

「いいことに気づいたな。

いいか。『プライド』と『誇り』は、似ているようで違う。

『プライド』とは、恐怖を土台にしている。だから、プライドでがんじがらめになると、ひたすら、恐怖が強くなる。

一方で『誇り』とは、愛情を土台にしている。誇りとは、自分と、自分の人生を尊重するための、大切な価値だ」

ペンからのアドバイス 04

- 「プライド」とは、「他人からどう見られるか」が、中心になっている。
- 「誇り」とは、自分の人生を尊重するための、大切な考え。
- 「プライド」は置いておいて、「誇り」を大切にすると決める。

そうだ。その通りだ。

そして私は、そんなふうにプライドで守って、たくさんの時間を見殺しにしてきた。

人からどう見られるかとか、どう失望させないか、ばっかり。プライド……つまり恐怖で、自分を殺して、自分の誇りや尊厳……自分を大切に守ることを、そっちのけにしていた。

するとペンが、すかさず告げた。まるで、こちらの心を読めるみたいに。

「何ひとつ、がんばらなかったわけじゃない。ただ、『その方法ではうまくゆかなかった』ということを、学んだだけだ。

過去を、全否定するな。

過去という時間には、必ず、宝が埋まっているんだから」

とたんに、いくつもの思い出が、頭の中を駆け巡る。それは「思い出」なんてとうてい呼べなくて、生々しく、痛いことの連続だ。似たような失敗ばかりの繰り返しで、そして、ほろ苦い。

「あんな、ポンコツ過去」

「おう。じゃあ、確かめてみるか？」

……不思議だ。

一人じゃないって、不思議な勇気が出る。心が、不思議な方向に広がってゆく。そして、もっと不思議なことに、私は確かに「一人」なはずなのに、一人じゃない。

ペンの言う通り、過去をのぞいてみると、どうなるのだろう。

そこに、本当の宝ものなんて、あるのだろうか。

「わかったよ。じゃあ、試してみる。ペンの言うことが、本当かどうか」

ペンからのアドバイス 05

- 過去には、時々に埋めた「宝」が、たくさん詰まっている。
- 辛い時間ほど、学びも多い。知らずに埋めた「宝」も多い。
- 過去を、全否定するのをやめる。

WORK-03：書き込んでみる

過去に達成したこと、学んだこと。経歴や資格があれば、どんなちいさなことでも、書いておく。それは、自分の宝もの。

-

経歴や資格のように形にあらわせない、強みも書き出してみる。
それは「好き」や「得意」、よく褒められることと関係している。
自分では「たいしたことない」と思っていても、よく褒められることを、素直に書き出してみる。

［ 形のあるもの ］

運転免許

中学で3年間陸上部、体力はある
高校バイト3年間続けた（カフェ）

4大英文科卒
英語検定準1級
スピーチ大会（英語）で地区4位

ひととおりの事務業務ができる
パソコンの操作や、ソフトウエアの操作など、一般的なこと
就職経験のおかげで、一般的な社会常識がある（……と思う）

［形のないもの］

言葉づかいのていねいさを、
よく褒められる（接客バイトのおかげ？）
体力
根気はある、コツコツ作業が続く
細かな作業が気にならない
仕事がていねいと、よく言われる

責任感がある
終わらせないといけないことを、
最後まで終わらせないと気が済まない

人がよい（←よいことなのか？）
ものごとを、とりあえずは悪くとらない
のんびりしている

「気が利く」と、よく言われる
人が見ていない、ちいさなところを見ていたり
そのために、大きなミスに発展しなかったことが、何度かあった

× 精神的なハラスメントには弱いかも！
（ひとつ目の就職先は、続かなかった）

WORK-03：今度はあなたが書き込んでみる

[形のあるもの]

[形のないもの]

【ペンからひとこと】

「たいしたことない」と思っていることを、いちいち書き出してゆく。
なぜなら、その組み合わせは、自分なりの「宝の組み合わせ」だから。
あなたと同じ組み合わせを持っている人は、文字どおり、この世に一人もいない。
その組み合わせは、十分「強み」になる。

[2-2]

第一希望の人生

不思議な図に向かって、ペンを走らせてゆく。すると……どうだろう。

新しい世界が、少しずつ見えてきた。

ずっと、「自分には、何もない」と思っていた。

人とくらべて、とりたてて優っていることも、「得意です」と胸を張れることもない。第一、一番なんて、とったことがない。

でも……。

「その通りだ。『一番』だけを目指したら、お前にいいところなんて、ひとつもなくなってしまう。一番は一人しか、とれないからな。でも、**一番をとらないと、幸せになれないなんて、誰が決めた？世の中を見てみろよ。一番の人間だけが、幸せに暮らしているか？**」

「あっ」

心が、ちいさく悲鳴をあげる。

まるで、「それが正解」みたいに洗脳されていたけれど、一番の人間だけしか、幸せになれないなんていうことは、絶対に起こっていない。

それどころか、私が憧れたり、尊敬したり、気持ちよいほど羨ましかったりする人たちは、決して「一番」ではなかった。

でも、「オリジナル」だった。「その人」「そのもの」だ。

「人は、いくつものちいさな『得意』が組み合わさって、一人一人、できている。何かひとつが、とびぬけてできれば、幸せに生きられるなんて、それじゃあ、たいがいの人間が、幸せに生きられない。でも、実際は、そうなっていないだろう？」

……そうだ。そうかもしれない。

目のまえの図も不思議と、似たようなことを語りかけている。

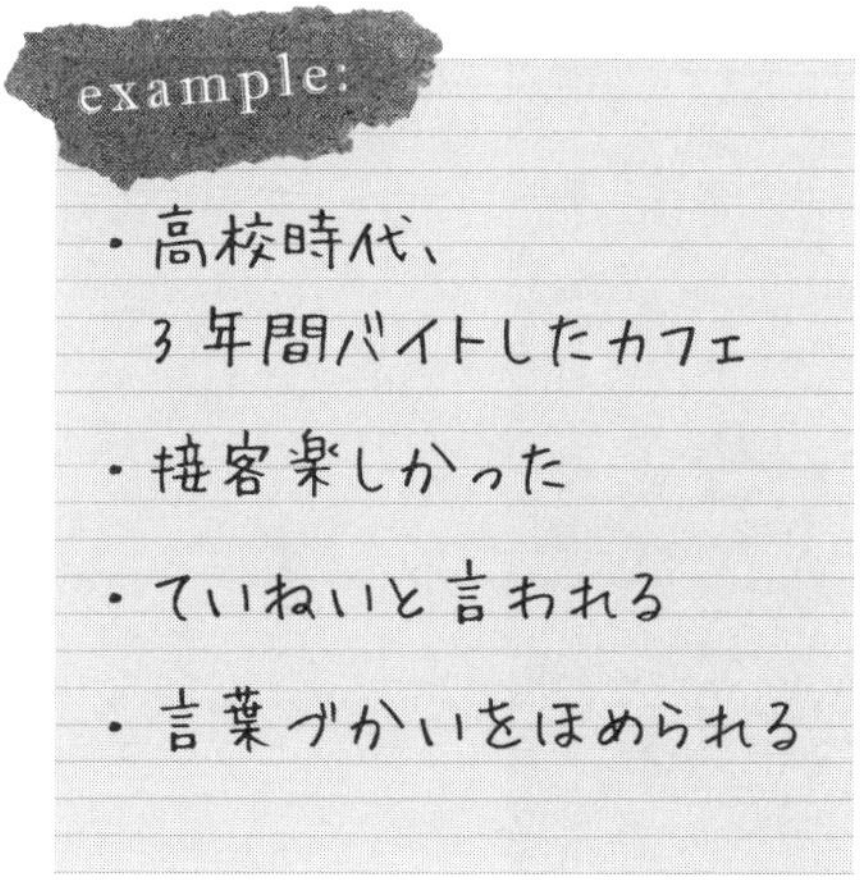
example:
・高校時代、
3年間バイトしたカフェ
・接客楽しかった
・ていねいと言われる
・言葉づかいをほめられる

つまりこれが、私の個性。

たとえば、ていねいさ。たとえば、気遣い……。でも、そんなことは「当たりまえ」で、よさになるなんて、想像もしていなかった。

「ホントかよ。じゃあ、接客業なんて、いったいどうなる？　ていねいさと気遣いに、値段がついているようなもんだろう」

「……そうだよね」

ペンからの
アドバイス
06

☑「一番」の人間だけが、幸福になれるという考えは、誤り。
☑いくつかのちいさな「得意」があれば、十分生きられる。
☑ちいさな「得意」を、いくつも探す決意をする。それらが組み合わさって、次のステージを生きる武器になる。

しだいに、笑いが込み上げてきた。

ああ。まさにこれが、「自分を知らない」ということなんだろう。

自分を知ろうとしないで、周りに、理解してくれることだけを求めても、理解してもらえるわけなんてない。それなのに、まったく畑違いのところに行って「自分を認めて！」と叫んだところで、それはまるで、押しつけだ。自分の勘違いがあぶり出されて、だんだん恥ずかしくなってきた。

すると、からかう様子もなく、ペンが告げた。

「自分を、恥じるな。『間違い』ではなく、学びのプロセスだったというだけだ。そうやって自分と向き合えるだけ、お前は、勇気があるんだぞ」

「そうなの？」

「一発で、完璧に人生コースを決められる人間なんて、どこにいるんだよ」

この世の中は、「私以外」の優秀な人たちであふれていると、思い込んでいた。でも、ペンに言われて考えてみれば、私の好きな人たちは、決して、そういった「完璧な」人たちじゃない。

そうではなく、自分に誇りを持って、輝いている。

そして、もっと大切なことだけれど、どこか温かくてほっとする。

「それだよな。そして、それならお前にもなれる。**一番には、一人しかなれないけれど、『自分自身』になら、全員なれる。同じことを自分がやって、なぜ悪いと思う？」**

「……」

「変わるってことは、どこかから持ってきた理想的な『型』に、むりやり自分を押し込むことじゃない。そうではなく、自分の中から響く声に耳を澄ませて、自分の叫びを、理解してゆくことだ。

誰もが、自分が『好きで』『得意で』、それゆえ『自然と、長続きできる』生きかたを、知っている。誰にも、

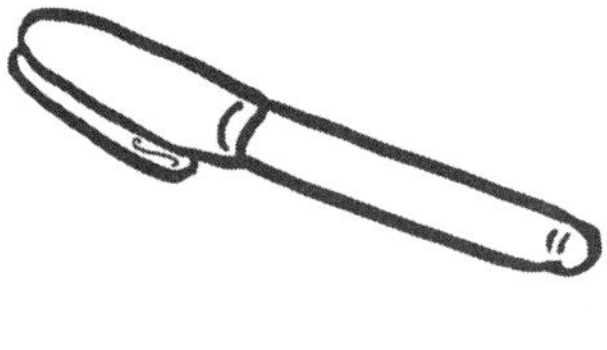

必ずある。それが、お前の『第一希望の人生』だ。それは、誰かがつくった、理想の『こうしなければならない生きかた』とは、まったく違うものだ」

そうか……。

「『第一希望の人生』なら、生きられる。合っているから、続くんだ。

でも、ここは地上だからな。

想像だけでなく、現実的・具体的に、自分の『第一希望の人生』を、形として表現してゆくんだ。そして、誰もが、それをして、いいんだよ」

そうかもしれない……。なぜなら私はまさに、それと反対の道を歩いて、迷子になって、今に至るから。

自分を、自分以外の「型」に押し込む。たぶん、最初は「耐えられる」と思って、「今度こそがんばり抜こう」と決意する。でも、それは甘い見込みで、じき、心が悲鳴をあげはじめる。

我慢して、聞き分けをよくして、何にでも「はい」と言っているうちに、いろいろな感覚が、少しずつわからなくなる。じき、心をぼやんと麻痺させないと、苦しくなる。

その、延々の闘いに負けたのが、今の自分だ。

「いいか……」

ペンが、強い声で告げる。

「失敗や挫折、道迷い。そんな『暗闇』は、『負け』ではないんだぞ。

人間は案外、往生際が悪い。いよいよダメだという時になるまで、方向転換をしない。だから、方向転換をする時は、たいがい『どん底』の時だ。だから、それでいい。

そして、どんな暗闇の中にも、必ず、宝がある。それは、匍匐《ほふく》前進してきたあいだに、お前がたくさん埋めた宝だ。

そんな『気づき』『宝』『強み』を、掘り出せ。

それが、次のチャレンジの時の、お前の強みになるのだから」

ペンからのアドバイス 07

- 「変わる」ことは、違う「型」に入ることではない。
- 「どん底」は、道のりを半分まで来たあかし。
- 自分という人間を、きちんと理解すると決意する。自分以上に、自分を理解できる人間はいないから。

WORK-04：書き込んでみる

「暗闇の時間」と思い込んでいた過去の時間の中で、蓄積した「宝」はなんだろう。特に、精神的な宝は、なんだろう。

過去に経験した気持ちや考えは、次のステージの強みになり得る。

目に見えない価値は、理解しづらい。だから書き出して、目に見えるようにしておく。

とにかくコツコツやってゆくことを学んだ
バイトでも、部活でも
やけになって放り出さないことを学んだ
よほどの状況じゃないと、たいていのことが、なんとかなる

積み重ねてゆくと、きちんと実力がついてゆくのは、
陸上から学んだ
走ることをやめてしまえば、身体がたちまち慣れてゆく
継続をすることは、ちいさなことだけれど、力のあること

本当に無理なことからは、逃げていいと学んだ
（ひとつ目の就職先は、病むところだった）
これは、大きな経験になったかも

心の力が、意外に大事だと学んだ
「ガマンすればいい」と思っていたけれど、
　ガマンはたぶん、そんなにできないんだ
人間の心を、甘く見ていたかも

自分のことを優先しないで、適当に扱うと、後でひどいことになる
「これぐらい」が、「これぐらい」では済まない感じになる
だんだん、ひどさの規模が大きくなってゆく
最初は、ほんのちいさなことだったのに、
　「こんなはずじゃなかったのに！」ぐらいの規模になる
こっぴどく学んだ。だからこれはきっと、してはいけないことだ

私は根気がいいし、続く
目立った能力はないけれど、普通程度には、やりとげられる
でも、精神的にやられるところは、無理

WORK-04：今度はあなたが書き込んでみる

【ペンからひとこと】


過去に経験した、辛い経験や試練は、どんな強さをもたらしてくれただろう。

その出来事は、自分がどんな人間で、どこに強さを持っていると、教えてくれただろう。

その宝を、見過ごすことはできない。しっかりと書いて、強みとして、意識しておく。

STEP 3

弱点ではなく、長所をリストアップする

［3－1］

肯定することを覚える

上司はあいかわらず、つまようじをくわえて、デスクの周りをうろうろする。新しく入った優秀な二人は、どこか挑むような目で、引き継ぎの質問をよこす。

そして私は三日続けて、ノートに向かっている。

もうすぐ、縁のなくなってしまう会社からまっすぐ戻ると、紅茶を淹れて、テーブルに座る。

そうして、私の「強み」「宝」と、真剣に向き合う。

崖っぷちだ。だから、必死になれる。なんとか未来をつくるため、ありのままの自分と、向き合うために。

example:

- ていねいさ
- 細やかさ
- ちいさなことをつみ重ねるのがスキ
- 接客すき
- 食べものをなかだちに、生き生きしている雰囲気がすき
- ずっと座っているのは向かない

私は今まで、こんなに真剣に、自分と向き合うことを、したことがあっただろうか。

正確には、したことはあった。でもきっと、形だけ……。

「そっか。これが、就職活動の時の『自己分析』ってやつか」

まるで無意識のクセみたいに、いつも、自分を卑下してばかりだった。

そして、自分のいいところに、目を向けてあげることができなかった。

好き勝手にしゃべる、不思議なペンがいてくれなければ、今でも私は、暗闇の中で、途方に暮れたままだった。

するとペンが、すかさず割り込んでくる。

「なら、それも書いとけよ。

『人のアドバイスを、素直に受け入れられる』

『ものごとに、真剣になれる』

それも、お前のよさだ」

私は笑って、素直に書き加えた。

真剣に向き合うにつれ、わかってきたことがある。

それは、どう転んでも「今」、自分を変えないといけないということ。

「自分を変える」

それはきっと、「こうあるべき理想」で自分を縛って、立派な「型」に、自分をぎゅうぎゅうと押し込むことではない。そうやってまた、新たな我慢を、スタートさせることじゃない。それはもう、さんざんうまくゆかないと経験した。

だから今、勇気を出してすべきことは、その逆のこと。

でも、どうしたらいいか、具体的にわからない。そして、今まで、一度も試したことがない。

だから今、一歩を踏み出してみる。

私に、たぶんある「よさ」や個性を信じて、試したことのない一歩を、踏み出してみる。

「そうだ」

と、強い相槌が返ってくる。

「多くの人が実際、変化を嫌がる。ぎりぎりの土壇場まで、悪い状況に踏みとどまろうとするのは、そのためだ。それは、

『変化とは、今までの自分が否定されること』

『自分の本質をねじ曲げて、外から来る圧力に、従わざるを得ないこと』

『負け』

と誤解しているからだ。

でも、そんなことはとうてい、変化じゃない。

変化とは、自分の本質を守り、もっと輝かせるために、自分の外側のやりかたを変えることだ。そうすることで、自分の本質を痛めつける、うまくゆかない考えを、手放してゆくことだ」

そうなのか。……きっと、そうなのだ。

「変化の一歩を踏み出すことで、職業や生活が、大きく変わるかもしれない。あるいは、職業や生活は変わらずに、内側の世界だけが、大きく変わるかもしれない。

でも、その二つはけっきょく、同じことだ。

変化とは、お前がお前の存在を肯定して、その土台で、ひとつずつの選択を決めてゆくということだ」

そうだ。……そして、勇気が要る。

「そうだ。今までやったことのないことは、勇気が要る。でも、そう生きない時、苦しくなるぞ」

ペンからのアドバイス 08

- 変化とは、自分をもっと知るために、起こるもの。
- 変化は、次の人生をつくってゆくタイミングで起こる。
- 弱みではなく、自分の強みを探すことを、いつも意識する。

かつてなら、……もっとせっぱ詰まっていない時なら、こんな考えは「きれいごとだ」と切って捨てただろう。

でも今は、それ以外にとれる道はないというほど、くっきりと強い、内側の実感がある。

人の言いなりになったり、人の意見に従うのは、上手だった。そのほうが、波風も立たないし、責任もない。もし失敗しても、「あの人が、そう言ったから」と、誰かのせいにできる。

そうやって、ただ受け身に従っているだけで、自分の手で、自分の人生を決めることから逃げていたから、私の人生が、積み重ならなかった。

私がしてこなかったこと。
それは、
「自分自身で生きる」
という、それだけだ。
その、致命的なことに気づいたら、変えるしかない。

どのみち、もう、後ろの道はない。それなら、前に進むしかない。

「『完璧な人間』になんて、ならなくていい。そんなもの、無視してしまえ。

それが、幸せな現実への入場切符じゃない。

キラリと光るものが、ほんのいくつかだけあれば、
それだけで、人生は立派にやってゆける。
お前らしい人生が、十分につくれるよ」

ペンからの
アドバイス
09

- 何かがダメだから、変えないといけないわけではない。
- 変わることは、心が成長してゆくことで生じる、自然なプロセス。
- 「変わること」は、過去の否定ではないことを、理解する。

気づけば、心が温まっているのが、わかった。……私はこんなふうに、自分を温かい目で見たことが、あっただろうか。

長いこと、道に迷っていた。「道に迷っている」という事実にすら、疲れていた。そんな、道の見込みすら見えない野原に、ひとすじのか弱い道が、見えてきた気がした。

ペンのシルバー色のボディを、窓から差し込む月が、照らしている。心に、ペンの言葉が音として、深く響いてくる。それは、物理的な音でもあり、そして、心の奥深くから湧いてくる音でもあった。

「当たりまえのことに気づけて、よかったな。

やらなかった後悔は、一生残るんだぞ」

私は、静かにうなずく。そのうなずきは、確かに、自分の重さだった。

本当だ。

今、後悔したくないのなら、やるしかない。どのみち、崖っぷちだ。

WORK-05：書き込んでみる

過去の経験で蓄積した、気づきはなんだろう。
どのような、見えない価値観の中で生きるのが、心地よいと学んだだろう。
その気づきは、宝。
目に見えないものは、理解しづらい。だから書き出して、目に見えるようにしておく。

心が温かくなるような環境がいい
そんな環境の時は、自分のよさを活かせた
（逆の時は、自分のよさを、ぜんぜん活かせなかった
緊張して、言い訳して、ダメだった）

目標があるほうが、落ち着く
（陸上の時も、英語の時も）

たぶん、努力自体は好きなんだ
ただ、自分が好きなことではないこと、自分とはまったく接点のない価値観に、力が湧かないだけ
（……当たりまえだ!!! 書いてみないと、客観視できなかった!）

人から「ありがとう」と言われることが、とても好き
そのためなら、努力できる

「ありがとう」と言われないことが、嫌いなわけじゃない
　ただ、人と接点があるほうが好き
カフェの仕事は、たぶん、その理由で続いた
嫌なお客さんもいるけど、
　すてきなお客さんから学ぶことが、本当に多い
優しい人も多い
変化のある環境のほうが、好き
変化の大きすぎる、毎日荒波みたいな環境は、無理
（↑今の職場。上司の気分によっての、上下が激しすぎる）

ひとつ目の仕事を、1年でやめた
大学も、楽しくなかった
だから、放り出しやすい性格だと思っていたけど、
　自分が「好き」と分かったことには、根気強い
好きなことを、根気強く追ってゆくやりかたが、
　私には合っているのかも

WORK-05： 今度はあなたが書き込んでみる

【ペンからひとこと】

見える価値は、文字どおり見えやすい。けれど、だいたいの場合に問題になるのが、見えないほうの価値。どんな価値観が嫌で、それゆえ、どんな価値観の中に生きたいのかといった、目に見えづらい考えのことをさす。「日々を生きてゆく、基本的なムード」という言葉で、言いかえられるものでもある。
「生きたくない価値」から逆引きして、「生きたい価値」を書き出しておくことは、とても重要だ。

［３－２］

理想論ではなく、現実論

すぐに夕ご飯を終えられるように、つくり置きをする。食べるものは、毎日同じ。でも、紅茶だけは、ご褒美。いつでも淹れたてを飲めるように、とびきりの気に入りを、ストックする。

本気のギアが、入ってきた。


もはや私、おかしい？　という状態だ。さっさと部屋に帰って、無生物とぶつぶつおしゃべりしながら、変化の計画を立てる。

でも、いい。

やってやる。こんな「ぬるい」人生、どのみち、とっくにたくさんだ。


かよわく息を吹き返した今だからこそ、わかる。

心は、とっくに死にかけていた。

「こんなの無理」って、悲鳴をあげていた。

そうわかったのは、ペンが想いを、受け止めてくれたから。心が息を吹き返してきたから、逆に「死にかけていた」とわかった。

レストラン、食事会、はやっているもの、おしゃれ。とりあえずやってみる、真似てみる……。

それはそれで、一瞬は楽しかった。すべてを否定する気はないし、無駄ではなかったと思いたい。

でも、たぶん何かが違ったのだ。

楽しく見えるように全力でふるまっても、心はむなしかった。

まるで、つくりごとの演技を続けるために、必死にエネルギーをそそいで、奪われて、カラカラに乾いて、干上がってゆくよう。

私が自分の手で、自分の命を止めていた。

ほんのちっちゃな、自分の本気も、本音も、無視していた。にぎりつぶして、自分で息の根を止めていた。

でも、もういい。

こんなんじゃ、私の中の大切なものがみんな、死んでしまう。

その前に、人生コースを変えよう。

本気で、私の「第一希望の人生」を、探すんだ。

ほんのちっちゃな勇気が伝わったかのように、ペンが、ノートに文字を浮かび上がらせた。

この段階で、心に刻むべきこと 01

・大切なのは、その場を「勝つこと」ではない。大切なゴールは、「WIN - WIN」と、長続きする豊かさ。
・目のまえの目標は、自分の「第一希望の人生」と、シンクロしているだろうか。意識して、確認するクセをつける。

「……えっ？　そんなの、きれいごとじゃないの？」

正直な、第一声が漏れた。

でも、すぐに思い返した。……そうだ。私は、この縛られた考えで、自分を窒息させていたんだった。

窒息させられた考えで、窒息を癒そうとしても、うまくゆくわけがない。

「いいか、ひとつずつ整理してゆくぞ」と、ペンが切り出す。

この口調の時は、真剣モードだ。

「誰でも、自分なりの『私は、これがいい』がある。お前にも、ある。それぞれの『第一希望の人生』というやつだ。自由がいちばん大事という人もいれば、自由は少なくともいいから、人と一緒にいたいという人もいる。

お前が、どんな人生を好むのか。それがわかってくると、お前らしい選択が、できるようになってくる」

それを考えていい権利が自分にもあると、思わなかった。

自分にできることの中から、そこそこうまくできることを選んで、それを、失敗のないようにやりこなしてゆく。そうやって、合う型を探して、はまり込んで生きてゆくのが、人生だと思っていた。

でも、たぶん違う。だって、それは今までさんざんやってきて、うまくゆかなかったから。

すると、ペンは続けた。

「いいか。きれいごとじゃないぞ。**定期的に座礁してばっかりじゃ、人生が、長続きしないだろう。だから、理想論ではなく、現実論が大切だ。得意なことを『差し出して』、かわりに、お前も『差し出される』。この考えが、『WIN‐WIN』だ。本当に長続きする、唯一のやりかただぞ。**

一方で、下に見られて、一方的に搾取される関係には、必ず賞味期限が来る。

いいか。

何が『見栄えする選択肢』『こうあるべき選択』ということではない。

頭で……理屈で考えることじゃないぞ。

全身で感じて、探せ。

ノートを、見返してみるんだ。お前は、何に、無意識にワクワクしていた？

どんな選択なら、お前の魂がワクワクする？

何にならお前の全身の感覚が、揺り動かされる？それが、『WIN - WIN』の世界の中で、お前が差し出せるものだ」

ペンからのアドバイス 10

- ☑ 誰でも、自分なりの「第一希望の人生」がある。
- ☑ 「第一希望の人生」は、全員違う。
- ☑ 「第一希望の人生」を見つけるためには、心が強く動くものを追う。

まるで、言葉にうながされるようにして、記憶がよみがえってきた。それは、長いことフタをして、見ないふりをしていた記憶。

大学の、平凡な学科を出て、就職活動をした。そこそこしか納得のゆかない会社につとめて、燃え尽きそうになって、会社に行けなくなった。それでも生きてゆかねばならないから、働きかたを派遣に切りかえて、なんとか生きてきた。

でも、そのどこにも、「私は、これがいい」は入っていなかった。

大学は、親や周りから漂うピリピリとした空気感で、行くと決めた。「お金を出してもらったから、ありがたいと思わなければならない。私の未来を心配しているからだ」……そう、自分に言い聞かせた。

でも、本心では、製菓学校に行きたかった。

なぜなら、幼馴染の家に遊びに行くことは、私にとってはいつも、奇跡を見にゆくことだったから。

いつも、忙しくて、家に誰もいない……。そんな私の家とは違って、その家では、優しい手が小麦粉をふるって、ブラウンに輝く砂糖を混ぜてくれる。

卵を落として、かき混ぜて、オーブンに入れれば、じき、ふんわりといい香りがしてくる。

紅茶を淹れて、みんなでオーブンを囲んで、焼きたてを取り出す時を、わくわく待つ。

ただの粉をかき混ぜて、熱を加えるだけで、幸せな時間に変わる。生クリームを添えて、フルーツを飾れば、まるでお店で出てくるみたいになった。

「うまく焼けた」とか、「ちょっと甘過ぎた」とか、「飾りつけがへただった」とか、……笑い声とか。

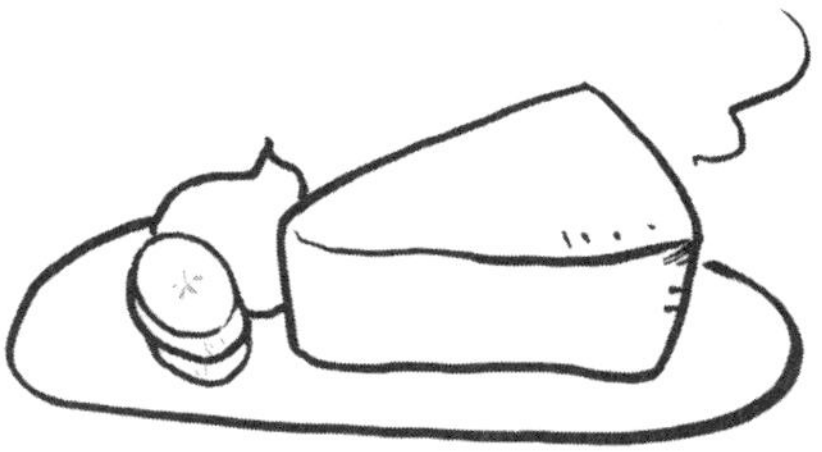

命を豊かにするものが、しだいに焼きあがってゆく香り。

安心、明るさ、豊かさ。

幸せの感触。

魂がふるえるほど、とてつもなく好きだった。あの感触……。


ポトリと、ノートに涙が落ちる。

それは、書いてある文字をにじませて、じんわりと広がった。たくさんの葛藤とともに、記憶の片隅に、むりやり押し込めたもの。それが突然、一瞬で鮮やかに解凍されて、よみがえってきた。

「そんなの、激務だから」

「学歴のいらない、単純労働」

「クリスマスの前は、死ぬよ」

「朝早い」

「不規則」

「重労働」

「事務仕事のほうが、時間がはっきりしているから、交際したり、結婚したりしやすい」

「安定しているほうがいい」

「不安定な職業では、老後はどうするの？」

「こんなにがんばって育てたのに、お父さんとお母さんのめんどうは、誰が見てくれるの？」

そんな、周りが押し付けてくる理由に圧倒されて、私は、自分の憧れを捨てた。チャレンジすらせず、目を向けることもせずに。

心にむりやりフタをすれば、なんとかなると、安易に考えた。

でも、心の力、命の力を、甘く見ていた。なぜなら、すっかり人生から座礁して、今ここにいるのだから……。

[3-3]

もう、すべて持っている

「それがわかっただけ、経験だったじゃないか」

ペンの優しい声が、響く。

意識が、すーっと部屋に呼び戻された。

旅をしていた。記憶の中を、過去にさかのぼって。


「ちょっと目をあけて、周りを見てみろ」

ペンにうながされて、部屋を見まわしてみる。

すると、キッチンに見えるのは、お気に入りの紅茶の缶が、5つ。どれも違うブランドで、とびきり気に入った会社のものを、ずっと買っている。

その脇には、海外製のガラスのキャニスター。中には、アイシングクッキーが並んでいる。季節ごとのデザインを買ってきて、飾ってある。

本棚には、お菓子の本や、フードの本がぎっしり。でも私は、お菓子ジヤンキーでもないし、評論家でも、ブロガーでもない。

ただ、心に幸せの灯がともる、あの瞬間、あの空気が好きなだけ。

言葉がなくとも、同じものを囲んで微笑みあえる、温かな気持ちになれる。それが好き。それだけ……。

押し込めて、殺していた記憶の感触が、次々にあふれて、よみがえってくる。それとシンクロするように、私のノートに、文字が埋まっていった。

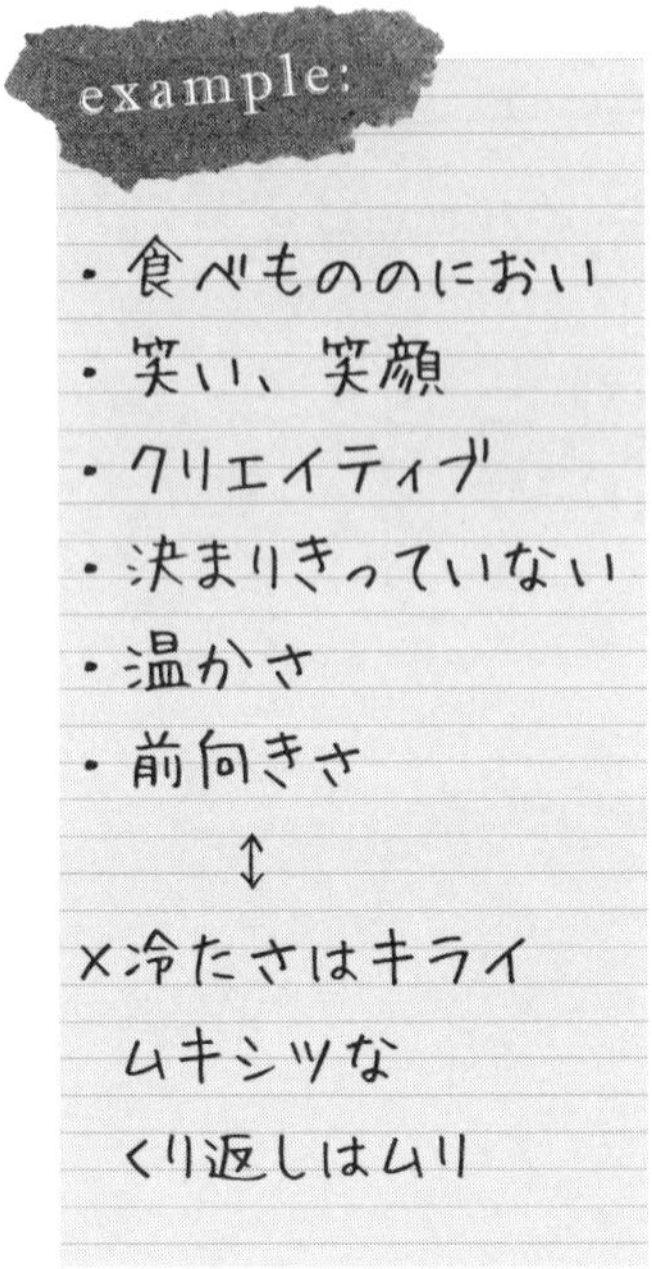

「みんな違う、みんないい。

みんな、それぞれ自分の『第一希望の人生』がある。

それが、唯一の正解だ。……というか、それ以外は、うまくゆかないだろう。

農家、公務員、芸術家……それぞれの選択肢が、みんな必要だ」

「単純労働は？」

ためしに、聞いてみた。すると、

「それは、お前がそれを『つまらない』と感じるだけだろう？　単純労働が好きで、それが『落ちつく』という人間だって、いる。

いいか、『みんな違う、みんないい』、それだけだ」

そうだ。私が勝手に、苦しい見方をしているだけだ。

正しいか、間違っているか。勝つか負けるか、上か下かだけの世界は、苦しい。まるで、最終的には誰もが「負け」になって、打ちのめされて、動けなくなるかのようだ。

それなら、選択すべきは、まだやったことのない選択肢のほう。「WIN‐WIN」のほう。「みんな違う、みんないい」の考えのほうだ。

何より、心が「本当はそっちが正しい」と知っている。……いや、必死で信じたがっている。

それなら、勇気を出して、チャレンジしてみる。そうじゃないほうが、あれだけ乾いて、命がなくて、無機質な世界なら。

ペンからのアドバイス 11

- 自分の「第一希望の人生」にだけ、責任を持つ。
- 他人は、よい意味で放っておく。
- 壁に、ぶち当たったら。まだ試したことのない方向に、勇気を出して、チャレンジしてみる。

WORK-06：書き込んでみる

あなたの「第一希望の人生」は、どんなものだろう。
心の中に渦巻いている、言葉にならない言葉を、書き出してみる。世間から見た「これが理想の生きかた」は、置いておく。

一期一会の出会い
優しくて、豊かな雰囲気
そういったものに囲まれて、仕事をすること、生きること
クリエイティブな仕事！

食べもの、笑顔、笑いがあること
ホッとする雰囲気があること
ヘルシーな生活、ヘルシーな食べもの

いろいろな人と出会ったり、会話したりすること
（× ひとつの場所で、ずっと座っているのは無理かも）
（○ 高校の時のバイトは、合っていたかも！）
そのために、いろいろコツコツと整理したり、向上するのは楽しい

毎日起きるのが、楽しくなるような人生

合っていることを、したい！

自分の能力を、活かしたい！

自分の能力を活かして、

時間がキラキラと輝いて、いきいきしている人生

自分の芯をもって、堂々と生きてゆける感じ

「これが自分！」というものを見つけ出して、出会って、生きてゆく感じ

不安を感じたくない

明日が楽しみじゃない時間は嫌

↓

安心がほしいんだ。経済的にも、もっとしっかり

心地いい家に住んで、安心して暮らすこと

すり切れるまで、働きたくない

（そんなの甘いかもだけど）楽しんで働きたい

じゅうぶんに、報われる人生

善意が、ちゃんと返ってくる人生

WORK-06: 今度はあなたが書き込んでみる

【ペンからひとこと】

「第一希望の人生」とは、「これぐらいなら生きられる」人生ではない。
そうではなく、自分の心の中に眠る、最高のイメージの人生のことをさす。
変に遠慮して、最初から最高をイメージしないから、あとでややこしいことになる。
人生は、奪い合いではない。それぞれの人生が、それぞれに用意されている。だから
まずは、自分の「第一希望の人生」を、責任を持ってイメージする。

STEP 4

長所を活かした作戦を立てる

［4－1］

ターニングポイント

「……そんなこと言うなら、……やめます！」

「ええっ⁉」

フロアが、凍りついた。

上司が、つまようじをくわえたままで、慌てふためく。その姿を、引き継ぎ中の新人が、能面のような形相でにらんでいる。

事件は、突然起こった。

「パワハラです！　契約違反です！　パワハラをする会社には、いれません！」

すると、その隣で、もう一人も立ち上がった。

「……私も、やめます‼」

「えええっ⁉」

私の契約が更新されないかわりに、新しく入った優秀な二名。もうすぐ、一ヶ月の研修期間が終わり、来週から、長い契約がはじまる。

会社のフロアは、地獄の釜のフタが一度にあいてしまったような、大騒ぎだ。けれど、崖っぷちの私は、関わっていられない。彼女たちがどうしようとも、私は今、未来をつくらないといけない。今やめたら、すべての努力が台なしだ。

できるかぎりの仕事を手伝って、やっと脱出した、大騒ぎの会社。帰り道、同じ遊歩道。今日の地獄も、まったく関係ない様子で、楽しそうな笑い声が、そこかしこから響いてくる。

同じ景色の中を歩いていても、不思議と、意識が変わってきているのがわかる。不思議なことが起こっている。私はもう、この世界が、自分に背を向けているとは思わなくなってきた。

そう、けっきょくは、私なのだ。

会社に背を向けていたのも、私。だから、会社も私に背を向けた。

そして、そのことをはじめは、大打撃だと思った。でも、おかげで今は、自分と向き合わざるを得なくなっている。会社に「もう、いらないよ」と言われなければ、崖っぷちにならなければ、決して、しなかった。

ずるずる、ぐずぐずと現状に甘えて、そうしてたぶん、時間だけが過ぎていっていた。引きのばされた、甘えた生きかたは、けっきょく私を、ダメにしていただろう。しかも、そのことに気づくのは、もっと後になってからだ。

きびきびと歩いていると、向こうから、見慣れた色のリードが見えてくる。

弾むように駆けてくる、黄金色の、温かい物体。私は、買いもの袋を地面に置いて、犬が差し出してきた温かい首筋を、思いっきり撫でた。

犬は、撫でられるのが嬉しくてたまらないように、気持ちよさそうに、じっと目をとじている。

「そうだよね。……命をいじめようなんて、思わないよね普通」

思わず、ポツリとつぶやく。

それなら、私はいったい、どれだけ、自分をいじめてきたことだろう。ただ、それまで「それが普通だった」というだけで。

犬の隣で、穏やかに微笑んでいるおじさんに、報告したかった。

大泣きした日から、ふたたび、立ち上がれるようになったこと。自分自身を、ふたたび見つけつつあること。そうして、もうすぐ、ふたたび歩き出そうとすること。

ぽつりぽつりと不器用に報告すると、おじさんは笑った。

「いいことだ！　一歩を踏み出さないと、ドアもあかないからね」

……そうか。

歩き出さないから、景色も変わらない。怖いから、歩き出せない。すべてが、悪循環だった。

でも、それを変えるのは、きっと、ほんのちょっとの勇気だ。

私は笑って、それでも、つぶやいた。

「とはいっても、正直、怖いですけどね」

「そりゃあ、そうだよね。新しいチャレンジは、『未知だ』ということだ

ものね。何も知っていることがないと、誰でも、怖いよね」

「え？……怖くて、いいんですか？」

あらためてそれを、「人間」から言われると、不思議な気持ちだった。

成功している人はみんな、怖さなんて、感じないと思っていた。

恥ずかしいけれど、それを口にしてみると、

「そんな人、いるかなあ！」

おじさんの明るい笑い声が、川面に響く。その声は、他の笑い声と混じり合って、やがて、街の景色の一部になった。おじさんは、ひととおり報告を聞いたあと、しんみりと言葉を探した。

「そう考えれば、今度得るのはきっと、新しい職業じゃないね。得るのは、自信と誇り、強さと自立だね。

ほら、

『どこかにたどりつきたいなら、今いるところにとどまらないことを、決心しなければならない』


って言うじゃない？

ちなみに、これはモルガンっていう人の格言ね。


自分で乗り越えた自信。それこそが、人生の次のステージを、安全にしてゆくものなのかもしれないね。自分の手足で動いた者にしか得られない、貴重な宝だね。

そう考えると、今の恐怖は、それを乗り越えて、またひとつ、心が自由になるために、あるのかもしれないね」

そうか。

変化とは、「もっとよい収入」とか、「その場しのぎ」とか、そういうことじゃない。そんな、小手先の理由で起こっていることでは、きっと、ないんだ。

「人生を、しっかりと、打ち立ててゆく」

私が今、チャレンジしていることは、きっと、それだ。

「周回遅れ」と、揶揄《やゆ》されてもいい。

他人が、今の私をなんと言おうと、そんなことは、もういい。

私は、自分と一緒に、成長する。状況を、乗り越えてゆく。

「でも不思議と、逆のことが起こるよね。まるで、試すように」

「え？」

おじさんが、いつもの笑顔で、ふとつぶやく。

遠くに、夕焼けが消えてゆくのが見えた。そのオレンジ色は、たった数週間前のオレンジとは違って、力強く光った。反対側からは、夕闇がおりてくる。あいかわらず水面には、キラキラと光が反射していた。

WORK-07：書き込んでみる

今、この状況を、どちらの方向に進めたいだろう。どんなふうに、なったらいいだろう。
紙の上でいい。方向をイメージしてみる。まったく、都合のいいイメージでかまわない。

今

事務仕事、1日中座っている

時間を「つぶしている」感じ

未来が見えない

雰囲気が暗い、人のぐちや文句を言ってばかりの会社

人を「下げている」感じが、好きじゃない
自分もその雰囲気に参加していて、
どんどん「下がっている」のが嫌

人と出会ったり、動いたりする仕事がしたい
もっと、身体も動かしたい
明日が楽しみになる仕事と、出会いたい
自分を成長させたい！　仕事を通じて

命（食べもの、人、笑い、一期一会の出会い）のある
　仕事がいい
命のあるものに、触れたい
楽しくて、笑顔が多くなる時間がいい

今までの分も、自分をもっと成長させたい！
（もともと、コツコツは好き）

学ぶこと、向上することが、仕事の一部になりたい
勉強することが、楽しくなりたい
停滞しているんじゃなくて、チャレンジがあること
そっちの方向がいい

WORK-07： 今度はあなたが書き込んでみる

【ペンからひとこと】


「方向をイメージしてみる」というのは、「こういう状況だから、望めるのはこれぐらい」という、意味ではない。

そのように最初から、制限のかかったやりかたで、考えてはいけない。

現実として、この世の中には、無限の可能性がある。私たちはただ、可能性の全部を「知らない」というだけだ。

だからまずは、自分から状況を制限するのをやめて、できるかぎり最高の方向を、素直にイメージしてみる。

［4-2］

テスト

「ちょっと君」

そう言うと、上司がにやにやしながら、デスクに近づいてくる。口には、ランチのつまようじ。あげく、「手のひらを返す」というのは、こういうことだと言わんばかりに、ニヤニヤと告げた。

「やっぱり、契約解除を、取り消せないかなあ」

「いやいや、なかなか優秀な仕事ぶりだったよね」

「以前から、頼りになると思っていたんだよ。まあ、わざわざ口に出しては、言わなかったけどね」

「嘘ばっかり」と、心の中でつぶやく。同じ口が一ヶ月前、「使えない」と言い切ったのだ。そうして、いとも簡単に、プツンと切られた。こうやって手のひらを返すのは、かわりに入った人たちが、一気にやめるからだ。

「考えておいてよね。給料も、上げるからね」

にやにや笑いを残すと、上司はへらへらと去ってゆく。


ところが、私に起こったのは、意外なことだった。

帰り道、心がまるで振り子のように、激しく揺れるのだ。

もし今「はい」と言えば、当座は困らなくて済む。そうしてたとえば、二ヶ月後や半年後に、こちらから、やめたっていいのだ……。

思わぬ申し出に、気持ちが、ぐらぐらと折れかける。なんとか立て直すため、家に帰りつくとすぐに、ていねいに紅茶を淹れ、小さなクッキー缶をあける。憧れのブランドの、いちばん小さな缶。クラシックな缶をあけると、美しい香りがたちのぼる。

そうしてノートを広げると、間髪をいれずにペンが、文字をノートに浮かび上がらせた。

これから一生持つといい習慣 01

［1］他人の意見と対話しない。かわりに、自分と対話する。

［2］他人から認められる目的で、決断をしない。

［3］自分が納得することで、自分の人生を更新してゆく。生きているあいだ、ずっと、そうする。

「他人の意見と、対話するな。それは、すぐに飲み込まれてしまうやりかただ。かわりに、自分と対話するんだ」

ペンが、強く諭す。

「誰かの意見をうのみにして、従順に奉仕していたら、誰かが察してくれて、お前の人生を豊かにしてくれたか？　そんなこと、今まで一度だって、起こったか？」

クッキーを咀嚼《そしゃく》する口が、止まる。

「答えは、『ノー』だろう？　それじゃあいったい、誰の人生だよ。誰が、生きることになる？」

ぐうの音も出ない。

するとペンは、よく覚えておくようにとでも言うように、念押しした。

「他人なんて、無責任なもんだよ。自分の見方でしか、ものごとを見れない。でもこれは別に、否定的なことじゃない。

誰もが、自分の人生にだけ、責任を持っている。だから お前も、お前の人生だけに、責任を持てばいいんだ。

他人からの承認を、得ようとするな。それを、第一目的にするな。

自分の納得を基準に、自分を更新しろ。生きているあいだ、ずっと、そうするんだ」

「周りと同じ道を進め」というプレッシャーの中、大学に進んだ。でも、勉強しても、何をしても、足元がないみたいにふわふわした。それどころか、どこにもつかまるところがないと感じるぐらい、何に対しても、実感がなかった。その延長線上に、今がある。

でも今、すべてに納得だ。

そもそも、ぜんぜん方向違いだった。

考えとしても的外れだったし、感覚としても、何ひとつ、確かなものがなかった。それは、他人の意見だったということ。自分の感情や感覚と、何ひとつ結びついていない選択だったということだ。

だから、ふわふわと実感がなく、足元も定まらなかった。

「そうだ」と、ふたたびペンが言った。

「納得した時、胸に広がる、安心の感覚。『これなら好き』『自信があるかも』という、ハラのあたりから湧いてくる、どっしりとした『納得感』。これを、『こっちの方向でいい』『自分なりの納得』のサインにすることを、覚えるんだ」

WORK-08：書き込んでみる

過去の間違い、恥ずかしい失敗と自分が思っていることを、書き出してみる。

無意識に、自分を状況に引きとどめているかもしれない、心の中に渦巻いている考えたち。

書くことで、それらを意識化して、取り出してみる。

その時の感覚も、思い出してみる。

仕事から、逃げたこと
決断の機会から、何度も逃げたこと

人の意見に、負けてしまう
言いくるめられてしまう
もっともだなあ、と流されてしまう
弱い
自分がない

進学の時、自分の意見を言い出せなかった
言っていいとも、思わなかった
あの地点が、人生の大きな分かれ道だった。大後悔している
たったあれだけのことが、こんなにも後を引くとは思わなかった

人に、すぐいい顔をしてしまう
文句を言われないため、悪く思われないためなら、
「はい」とガマンしてしまう

私を利用した人たちを、密かに憎んでいる
嫌い
そんな、汚い気持ちを抱えている
（……でも、自分を利用する人を嫌いになるのは、当たりまえでは？）

でも、いい顔をしてしまうんだなあ……
根深い
自分、偽善者？
誰からも好かれたい、角を立てたくない
めんどくさい話になりたくない
決められない自分、きぜんとできない自分が、
原因を作っていることだなあ
↓
同じ後悔はしたくない
それなら、「今」!!

WORK-08：今度はあなたが書き込んでみる

【ペンからひとこと】

書き出したものを落ち着いて見てみると、それは、誰でも経験することではないだろうか。その時の自分なりに、最善を尽くしたと言えないだろうか。
心の中に渦巻いているものは、恐ろしく見える。だが、書き出してみると、恐れる必要はないと気づける。

STEP 5

「WIN - WIN」になれる場所を探す

［5－1］

現実のカウントダウン

遠くで、雷鳴が轟いた。それは、時間をおかずに、しだいに近づいてくる。

じき、窓枠がくっきりと浮かび上がるほど、ピカッと光った。

ノートには、雷光に照らされた文字が、浮かび上がる。ペンの、シルバーのボディも、光を反射して、ぎらっと光った。

「やっぱり、一度決まったことですので、退職します」と、上司に報告をした。すると、まるで見下すような表情が、顔に浮かんでいるのが目にうつった。

「あ、そうなの……。ふーん。次、どうするの？」

「次は、……今、検討しています」

「ふーん。まあ、そんなに簡単に、決まるもんじゃないしね」

「甘いんだよ」と、顔に書いてある。内心きっと、「それだから、就職活動の時に……」とつぶやいているに違いない。

銀行口座から、お金が減ってゆく。職場も、嫌味が増してゆく。

現実も刻々と、カウントダウンをはじめている。

心は、ぐらぐらと揺れて、まるで足元がなくなってしまったみたいに、動揺する。

「第一希望の人生」なんて、今まで考えたことすらない。でも今は、考えたことすらなかったものを、本気でやろうとしている。

先の見当もつかない、大きな路線変更。でも、ここでもじもじしていたら、たとえばまた、半年や一年という時間が、あっという間にたってしまうだろう。

部屋に帰りついて、ノートを広げると、力強く背中を押すように、ペンが文字を浮かび上がらせた。

この段階で、心に刻むべきこと 02

- 絶対に成功する、計画の立てかたをする。最初から、無理の詰まった「失敗計画」にしない。
- 「立派な計画」は、「失敗計画」のもと。
- まずは、目のまえの、ちいさなひとつにチャレンジする。
- いつも失敗する場合は、自分が悪いのではなく、計画の悪さを疑ってみる。
- 「絶対に成功するのでなければ、やるな」……は、「失敗するための計画」。

「自分なりに、『第一希望の人生』にチャレンジしてみる。そのための一歩目は、漠然としたアイディアでオッケーだ。しかも、ちっちゃなアイディアでオッケーだぞ」

またしても、気づかされる。

私の「計画」はいつでも、成功するための計画ではなく、自分を責めたり叩いたりする計画だった。

少ない時間に、非現実的なほど詰め込もうとしたり、ただひたすら「がんばる」という力技で、状況をなんとかしようとしてきた。

今考えれば、そりゃあ、くじけるだろう。

それは単に「こうあるべき、理想の人の姿」であって、そこに現実とか、自分の意思や幸せは、入っていない。

しかも、最大の敵が、自分なのだ。

無理なことを押しつけて、あっちからもこっちからも叩かれて。そんな痛い思いばかりなら、心の命が消えていっても、当たりまえだ。

［5-2］

今、この瞬間

すると、新たな文字が、ノートに浮かび上がった。

これから一生持つといい習慣 02

［1］チャンスは、自分から探す。受け身にならない。
［2］チャンスとは、対等と考える。

「そんなの、きれいごとだし！」という言葉が、一瞬ふたたび浮かんでくる。

が……さすがに、そろそろわかってきた。

この、自分を「落とす」プロセスは、無駄だ。

私はさっさと、ノートに向き合う。そして、まずは言われた通りに、計画やアイディアっぽいことを、ノートに書き出す。

「チャンスって、第一、なんだろう」

ネットを調べたり、自分の頭で考えたりしながら、ノートする。……が、いつまでたっても、アイディアの書き出しが終わらない。

たとえるなら、そのプロセスは、二時間程度で終わるものだと想像していた。

でも実際は、二時間たっても、「ほんの手がついた」ぐらいしか、アイディアが出てこない。

思わず、悲鳴をあげる。

「どう見積もっても、最初のプロセスだけで最低、想定の二十倍だよ！」

するとペンは、真剣に答えた。

「そうだ。

自分の心をしっかりのぞいて、計画を立てる。そうすると、どう見積もっても、想定の最低二十倍だ。自分をほったらかしにしてきたぶんだけ、取り戻すのに、時間がかかる。想定の三十倍、四十倍のことだって、あるだろう。

だから、人はあきらめる。

しかも、

『運命から拒絶された』

『トントンとうまくゆかないなら、それは、私の「第一希望の人生」じゃないというサインだ』

とかいう言葉をたてに、あきらめる」

「……」

言い返す言葉もない。私は確かに、そんなふうにして、たくさんの機会をあきらめてきた。

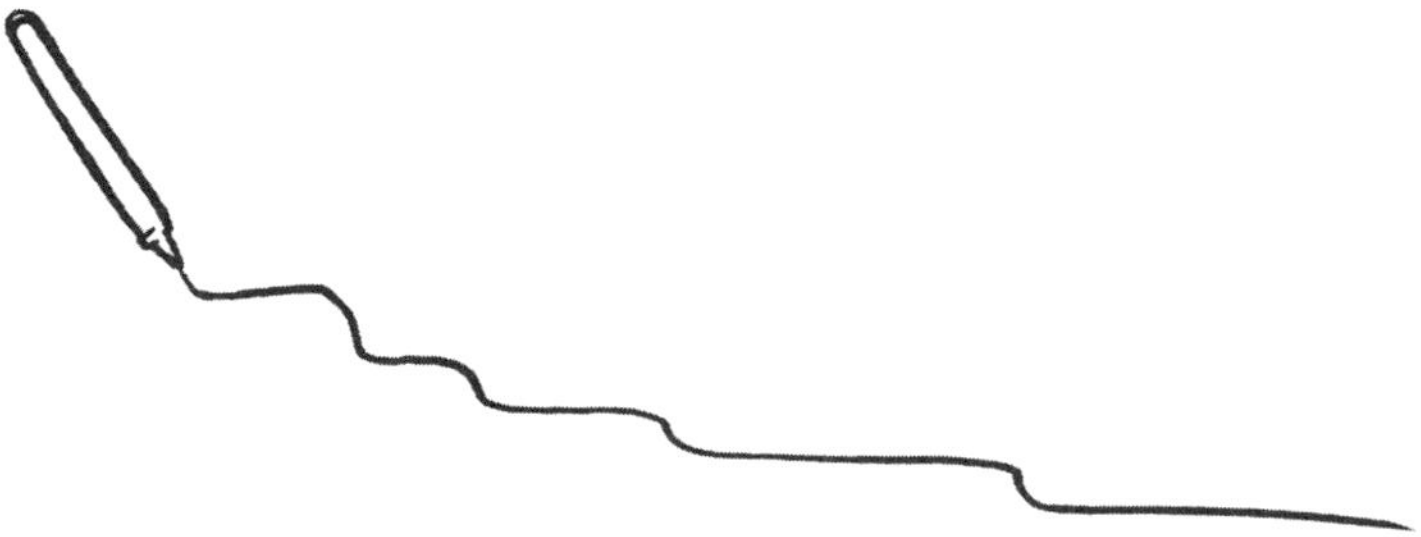

ううん、正確に言えば「逃げてきた」。

チャレンジしたところで、成功するか、失敗するか、わからない。

想像したような結果になるのか、まったくの無駄足に終わってしまうのか、予測がつかない。でも、そんなことに、真剣に向き合って、丸ごとそっぽを向かれたら、……傷つく。労力が全部、無駄になる。

そんなことには耐えられないから、さっさと土俵からおりてしまう。自分を、傷つけないために。

でも、結果は逆で、私はずっとそうやって、自分を傷つけていた。

とはいえ、思わず、言葉が口をついてしまう。

「こんなんじゃ、暇ないよ！」

「そうだ。

だから、『想像よりも、ずっと多くのプロセスが必要』という事実に直面すると、人は手っとり早く、他人から『盗もう』とする。

だが、その場しのぎで、あっちから盗み、こっちに依存し……そんな生きかたが、時間の重みに勝てるわけがない」

「……」

「実際、そうやって他人に寄りかかって、自分の内側の実力を育てない人は多い。でも、それは、『盗み』にも『その場しのぎ』にも、なっちゃいない。

自分のものにすらなっていない時間を、ただダラダラと過ごすことは、停滞であり、後退だ。

それなのに『なっている（かもしれない）』と自分をごまかし、時間の進みから目を背けているうちに、時間はどんどん進む。

そんな生きかたでは、気づいた時には、手遅れになってしまうんだぞ」

ペンからのアドバイス 12

- 「やる」と決めたら、想定の二十倍のプロセスを覚悟する。
- 自分を「落とす」のは、無駄なプロセス。
- 一度に全部のプロセスが、見えなくともいい。目のまえの、ひとつのステップにだけ集中する。

ついに、ちいさく叫んだ。

「……それって、さらっと、私じゃん？」

「おう、勇気があるな」

そうだ。まさに、その通りのことが、私に起こっている。

でも今、そんなんじゃ嫌だと思っている。

すると、まるで心を読んだかのように、ペンが言った。

「時間っていうのは、スケジュール帳の枠とか線ではなくて、可能性なんだ。

命なんだよ。

暇つぶしで、捨ててしまっていいほどの、重さじゃない。

だから、気づいたら、一刻も早く、自分に向き直れ。

自分に、本気になるんだ」


他人を羨み、「あの人は、運がいいからだ」「もともとの環境が、よかった」「かわいいし」「好かれるし」「性格もいいし」……。

そんなことを思っては、

「自分はそうじゃない」

「だから、無理なんだ」

そうやって自分をおとしめている時、私は、自分ではなく、他人の意見を生きていた。

これ以上ないぐらい、因果関係がはっきりしている。

これは、私の心が起こしていることだ。

「他人にかまっている暇なんてない。傷をなめあったり、他人の悪口で盛り上がって、自分をなぐさめて、人生をお留守にしている場合じゃない。


その時間は、お前の『命』なんだぞ。

その時間を見殺しにするとき、お前は、自分の命を見殺しにしているんだ」

そうだ。

そして、そんな状況が嫌なら、勇気を出して、今、やめるしかない。

方向転換をするなら、「今、この瞬間」だ。

[5-3]

夢のかけら

「あ、そうですか。どうぞお先に」

「お先に失礼します」と、ありきたりな挨拶を告げると、こんな言葉が返ってくる。「もうすぐ関係なくなる会社ですからね。自分勝手ですね」という言葉が、末尾についているよう。

自分の担当の仕事を仕上げて、引き継ぐものを引き継いで、一日の仕事を終えると、返ってくる言葉だ。上司からの八つ当たりの風は、日ましに強くなってゆく。

帰りの道を、まるで瞑想するみたいに無心で歩いて、ぐるぐると渦巻く考えを、頭のすみに追いやる。チェーン店のカフェの席につくと、ノートを広げて耳栓をする。目の前には、なみなみの紅茶。

ここからの時間が、私の時間。気持ちを切りかえるための、大切な時間だ。

一日過ぎてゆくごとに、いろいろな目盛りが、確実に下がってゆく。もう、後には戻れない。

感情や事情を無遠慮に投げられても、私だって崖っぷち、今が、がんばり時だ。

追い詰められるにしたがって、真剣味もまた増してくる。やるなら、本気でやらなくては。

目をとじて、心にたずねる。

「私、何がしたい？」

「ケーキ屋さん、……じゃあ、ないよね」

「販売員？」

「パティシエさん？」

私が心地よいのは、あの、幸せの感じ。笑顔があって、いい香りがあって、その中心に、食べものがある。ちょっとだけ非日常で、でも、日常の一部。

「それって、今の私にとって、なんだろう……」

製菓学校の情報を調べて、カフェの募集を眺める。ついでに、調理アシスタントも調べる。調理師免許や、栄養士免許も調べる。

あっという間に、一時間が過ぎていった。飲み忘れていた紅茶は、いつしか、アイスティーの温度に近づいていている。

でも、無駄だとは思わない。

ノートをたたんで、部屋に帰りつく。そうして、すかさずペンにたたみかけた。

「私が目指すのは、あの幸せの感じ。でも、なかなかそれが『形として』見つからない。……なんか、そもそも、的外れなところを探しているのかなあ」

するとペンは、すかさず答えた。

「探しているのは、たぶん、モノの名前じゃないだろう。モノの名前じゃなく、要素を探してみろ」

「要素？」

「そうだ。**要素だ。別の言葉で言えば、お前の『夢のかけら』だ。**

『カフェ』とか『パティシエ』とか、そういうことじゃない。お前が素直に、居心地がいいとか、好きだと感じる『部分』のことだ。

そのかけらを合体させてゆけば、お前らしい『第一希望の人生』の全体像が見えてくる。だからまずは、要素を、書き出してみるんだ」

私はノートを取り出して、さっき書き出したものをあらためた。

example:

- 幸せの感触
- 温かさ
- コミュニケーション
- すこしだけ、特別な感じ
- 焼けて仕上がってくる、その瞬間の感じが、とても好き
- 待っている時の、わくわくする感じ
- つくって出すだけの、単純作業ではない

こうやって書き出したものを見て、あらためて想った。

夢って、小説とか映画みたいに、すべてのひらくべき扉が用意されていると思っていた。まるで扉のほうから、目のまえに出現してくれるような。もし、そうじゃないなら、それは「本物」ではないとも思っていた。でも、冷静に考えてみれば、そんなこと、あるわけない。

ペンが、苦笑いする。

「地上に生きているからな。空想の中に、生きているわけじゃない。『第一希望の人生』をつくってゆく時、いちいち時間がかかる感覚が、わかってきたか」

それと呼応するように、ノートに、新しい文字が浮かぶ。

・最初から、現実的な計画にしておく。必ず、そうできる道がある。
・最低三度は、チャレンジのチャンスをつくる。

この段階で、心に刻むべきこと 03

「そうだよなあ……」

私の計画なんて、「この日に」と予定を入れて、その日にできないなら、そのまんま。「できなかった」「ダメな自分」で、終わってしまっていた。

でも、よく考えれば、それじゃあまるで、失敗するための計画。

一回できなかったら、それでチャンス終了なんて、厳し過ぎる。

ペンはうなずいて、新しい言葉をノートに浮かび上がらせた。

「具体的に検討してゆく時、これも大事な考えだぞ」

これから一生持つといい習慣 03

【1】時間＝「お金」と交換するもの
時間＝「命」そのもの
どちらも大切な考えであると、理解する。
【2】「お金」という要素を、否定しない。
「お金」は、「能力」と交換する。つまり、自分の「賢さ」と交換する。
「お金」は、自分の賢さを示しているものと考える。

「『お金』って考えると、ややこしくなる。そうじゃなく、こう考えてみろ。心のど真ん中で、正直にだ。

その仕事に、全力で取り組む。そうすると引きかえに、等価のチャンスが返ってくる。つまり、お金を仲立ちにして、休みに好きなことができたり、好きな家に住めたり、好きなものが買えたりする。

もちろん『大きけりゃいい』と思うかもしれない。でも人は、アンバランスなものには、違和感と居心地の悪さを覚える。いちばんいいのは、その時の自分にちょうどいいこと。そして、自分の居心地のよい速度で拡大してゆくことだ。

『お金』を、単なる金額と考えずに、能力や賢さとの交換だと思えば、気が楽じゃないか？　そして、心の辻褄が合うんじゃないか？」

確かに。そう考えれば、気持ちの辻褄が合ってくる。

実力以上の金額をもらうと、いたたまれない気持ちになるし、逆に、買い叩かれていると思うと、卑屈になる。

「そうだ。だから、『好きなことさえできれば、お金なんて関係ない』と言わないことだ。

自分の手で、しっかり稼ぎ出したお金。それは、自らに与えられた能力を使って、人生の次の可能性をつくりだしたのと、同じなんだからな」

そうか。一瞬で、魔法のように「ビュン」ではないんだ。こうやって一個ずつ、乗り越えてゆかなければならないんだ。

一個ずつなら、時間はかかるけれど、乗り越えてゆける。

そして、一度築いた土台は、消えてしまわない。なぜならそれは、手っとり早く誰かから『盗った』ものではなくて、時間をかけてつくりあげたものだから。

そしてそのほうが、ずっとマシなんだ。……ある日目をあけたら、白い煙の出る箱があいて、時間だけが、遠くにいっているよりも。

ううん。

それだってきっと、遅くない。きっと誰でも、自分にとっての「その時」が、やってくる。

私は、何度も何度も、「その時」を見送った。

でも今は、こんなにもあきらめずに、しがみついている。

私にとっての「その時」が、今この瞬間だ。

ペンからのアドバイス 13

- ☑「変える！」と決めた時が、自分のベストタイミング。
- ☑「第一希望の人生」のかけらを、たくさん探す。
- ☑かけらを合わせて、自分の「人生地図」をつくる。

WORK-09：書き込んでみる

「第一希望の人生」の要素を、書き出してみる。
具体的なモノの名前で、書き出さない。どんな言葉でもいい。自分が「それらしい」と感じる手触りの言葉で、要素を書き出してみる。

楽しい
明るい
裏表のない
クリエイティブ
成長できる、向上できる

自分の得意を活かせる
人と仲よく協力して働ける環境
搾取されない、お給料をきちんともらえる

プライベートもちゃんと、充実させられる
仕事とプライベートが、リンクしている感じ
「一体」ではなくて、プライベートで興味のあることが、
仕事にも活かせる感じ

生き生きとしている
意味がある
未来がある

心地よい
（身体的に「うっ」となるもの、その場にいたくなくなるものは、無理）

食べものと関わりがある
命と関わりがある
みんなで、喜びを分かち合う
いい香り
楽しいおしゃべり
「あー楽しかった！」で終われる

WORK-09: 今度はあなたが書き込んでみる

【ペンからひとこと】


整理整頓して、きれいに書こうとしない。思いつきそのままに、とにかく書き出してみる。言葉も、まとまっていなくとも、かまわない。

あとで見返してみて、意外な組み合わせや、新しい気づきがおとずれるかもしれない。

決まり切った枠の中で考えるより、気づきの可能性のほうが、ずっと大事。

WORK-10：書き込んでみる

「第一希望の人生」に、具体的な一歩を踏み出すために、どんな機関・団体・チャンスにチャレンジすれば、うまくゆきそうだろうか。
まずは、アイディアを書き出してみる。整理整頓されていなくともよい。

雑誌見てみる？
ネット見てみる？

食べもの関係？
とりあえず見て、
ピンとくるものを掘ってゆく？

「食」に関して、おもしろい、
ユニークな活動をしているところ
レストランとか、調理関係ではなさそう
「ただ作って出す」ではないっぽい

お菓子、軽食、オーガニック系（身体によい、楽しい）
「自分たちの活動は、ここがポイント！」と
言えるものがあって、それに共感できるところがいい

資格 ・製菓?
・調理師?

今ならどれぐらいの
期間・お金が
かかるんだろう

気になる店、イベントがあったら出かけてみる?
好きな人の生き方から学んでみる?
インスピレーション湧くかも?

WORK-10：今度はあなたが書き込んでみる

【ペンからひとこと】

「まずは、書いてみる」ということが、大切になることがある。「あれこれ考え過ぎるより、書き出してみる」ということだ。
いったん書きはじめると、今まで眠っていたアンテナが動きはじめ、気づかなかった情報が見えはじめ、さまざまな可能性がキャッチできるようになるからだ。

STEP 6

決意の強さを、確かめる

［6－1］

ちいさな勇気

履歴書を、ふたたび書きはじめた。

「食べものを囲む」

「笑顔」

「単純に、つくるだけではない」……。

キーワードをよく考えて、ケイタリングの会社にチャレンジしてみようと決めた。

部屋におさめていた、たくさんの雑誌や本。かたっぱしから記事を読んでいるうち、ふと目に飛び込んできた、ケイタリングのページ。その感覚に、身体の中心が動かされた気がしたから。

人が集まって、食べものを囲み、笑顔になる。お菓子屋さんではなく、ちょっとだけ非日常……。

「これ……かも」

……ううん。少なくとも「近い」かも。

頭でぐるぐる考えていても、わからない。だから、「未経験者歓迎」の募集がある会社の中途採用に、エントリーしてみることを決めた。

広げると、左と右に分かれている、履歴書という紙。そこには、つい埋めたくなるスペースが、たくさんある。頭の中にある理想的な履歴書を、本気で書き込もうと思えば、私には、あれもない、これもない。ないないづくしだ。

でも、以前と少しだけ、考えが変わってきた。

それは、ちいさな勇気が出てきたこと。

ないことばかりを考えていても、先に進めない。私にもまた、「ある」ものも、ある。

たとえば、就職経験。たとえば、大学を出たこと。たとえば……。

確かに私は、ナンバーワンになれたものなんて、何もない。でも、私にしかないものを組み合わせて、きっと生きてゆける。

そんな、ちいさな希望の灯が、今は感じられる。

履歴書に、私の個性がちりばめられてゆく。特技の欄には、「おいしいものを探して、食べ歩くこと」「紅茶の知識」「アイシングクッキーのコレクション」が加わった。今までの、ささやかな経験も、加わった。

すると、「いいぞ！」と、ペンが明るく励ます。

- 何ごとにも否定的な人は、気にしない。
- 計画が否定されても、自分が否定されたわけではない。
- もっとよい展開は、ピンチの後に、必ずやってくる。落ち込むかわりに、チャンスに備えておく。

この段階で、心に刻むべきこと 04

また、きれいごとに聞こえる。……が、たぶん、いちいち事実だ。

ペンが、強く念押しする。

「特に大事なのは、これだ。

ただ否定的な人と、改善案の区別がつくぐらいに、冷静になれ。パニックになりそうな時ほど、落ちつくんだ。

世の中には、すぐに『無理だよ』とか『そんな夢みたいなこと』と言ってくるやつが、山ほどいる。こういうやつらは、スルーしろ。

一方で、絶対にスルーしてはいけないことがある。それは、お前の成長に関係のある『改善』だ」

［6-2］

「失敗」は、微調整

そう言ってペンは、ノートに文字を浮かび上がらせて、強調した。

これから一生持つといい習慣 04

［1］最低三回の失敗は、織り込み済とする。それが、現実的な計画の立てかた。
［2］心が「YES」と言ったら「進め」。「NO」と言ったら「撤退」。自分の心が発しているサインを、読む練習をする。
［3］「進め」と「撤退」は、他人ではなく、自分が決める。

「いいか、失敗は、文字どおりの『失敗』じゃないぞ。失敗とは、自分の選択肢を、微調整してゆくために起こるプロセスだ。

心と体験を通じて、自分なりの『YES, NO』の基準を、ひとつずつ集めてゆく。この基準があるからこそ、ものごとを決断できる。

自分の中に、自分の基準がなかったら、どうやって自分の『第一希望の人生』を知ることができる？


文字だけ、空理空論だけの、他人マニュアルに頼るな。

体験で裏打ちして、自分だけのマニュアルを、強くしてゆけ。

自分の感覚を、一歩ずつ、確立してゆくんだ。それを打ち立てるために必要なのが、『失敗』という名で呼ばれる、微調整のプロセスだ」


言われてみれば、本当だ。

もし、自分があてにできないとしたら、どうやって決めるというんだろう。

あてずっぽう？

缶を投げて、当たったものを選ぶ？

いや……。これは、冗談では済まされない。偶然に頼り過ぎるものなんて、安定した選択じゃない。それではまるで、缶投げと同じだ。

ペンは、強くうなずいた。そして、告げた。


「あきらめるな。

あきらめそうになった時ほど、過去ではなく、自分

で埋めた『地図』のほうを向け」

目の前には、書き込み途中の履歴書。

隣には、文字で埋まったノートがある。このノートは、私の人生の方向を決めてゆく、大切な「人生地図」。私の心と本音でつくった、本物の「人生地図」だ。

ペンと出会った時、私は、これからどうすればいいかわからなくて、途方に暮れていた。希望もなく、投げやりで、未来なんて考えるのもいやだった。すべてから、逃げていた。

でも、思い返してみれば、それは、たった数週間前のこと。

あの時、この不思議なペンに出会わなければ。私は今も、途方に暮れていた。そして心の命は、とっくに、死んでいたかもしれない。

「ありがとうね、ペン。本当に、ありがとう」

するとペンは「まだ早い」とでもいうように、そっと続けた。

「今度は、その紙を出して、面接だ。そして、その『ありがとう』は、夢がかなった時のために、とっておこうや」

チャレンジはきっと、単なるチャレンジじゃない。

それはきっと、自分の人生を、安全にしてゆくことだ。

幼い頃の、まるで当たりまえのような人への依存から少しずつ脱して、
自分の手で、自分の人生の土台をつくってゆく。

「身体と同じように、心も成長する」

出会った頃のペンは、そう言っていた。

よし、がんばってやる。
そして、大胆にこけたら、その時はまた、ペンと一緒に考えればいい。

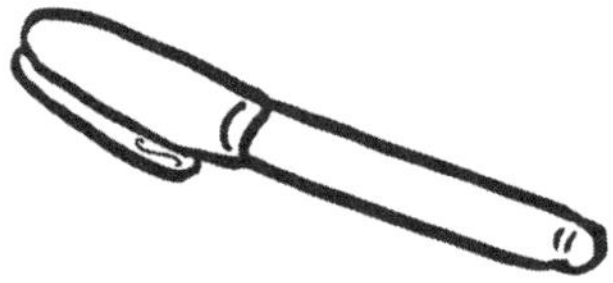

WORK-11：書き込んでみる

「第一希望の人生」のために、次に踏み出せそうな一歩を書いてみる。さらにそれを、ステップに分けてみる。いちばん簡単にできそうなもの、直感が「これがいい」と感じるものから、踏み出してみる。

いきなり、ガッツリ働くところではなく、
研修制度があるところがいい
そのほうが、合っていなかった時、引けるので

引きつづき、雑誌・ネットなど情報を調べる
興味があるところがあったら、さらに調べてみる

興味がある場所があったら、とりあえず、足を運んでみる
来週は1つ、カフェに足を運んでみる
（ケイタリングも行なっているというカフェ、雰囲気を見てみる）

●Step.1

A社にコンタクト（ケイタリング）

・面接日に半休をとる

・アピールポイントを考えておく

●Step.2

履歴書を書く

自分の中での食経験（カフェのアルバイト）、
就職経験を中心に書いてゆく

WORK-11: 今度はあなたが書き込んでみる

【ペンからひとこと】


次に踏み出せそうな一歩は、整理整頓されていなくともよいし、合理的でなくともいい。

アンテナを張り、さまざまなアイディアを出して、試してみる。

理屈だけではなく、直感もまた、大切にする。心に聞いて、直感に耳を澄ませてみると、いいアイディアをもたらしてくれる。

［6-3］

暗闇を抜ける

まるで、頭をカナヅチで叩かれたよう。

パーティを専門とする、ケイタリングの会社から、面接オッケーと戻ってきた返信。ところが、「未経験者歓迎」のはずが、面接のあいだじゅう、こんな言葉が続いた。

「経験もないのに、本当に応募してきたんですか」

「見込みが甘い」

「現実が見えていない」

「そんな甘いことで、どうやって本気で働くつもりだったんです？」

帰り道。衝撃が止まらないまま、足はふわふわと、遊歩道を歩いた。

全部、その通りだ。

必死で臨んだ面接。でも、言い返すことひとつ、できなかった。

どうやって、自分の部屋までたどりついたのか、わからない。ドアをあけると、電気もつけずに、ベッドに倒れ込んだ。

全身が、鉛のように重い。少しのあいだ、意識と無意識のあいだをさまようと、やっと動けるようになった。

考えてみれば、似たようなことが、何度もあった。

私は、常に見込みが甘いのだ。ひとつ前の就職活動の時も、そのひとつ前も。その前の、進学の時も……。

我慢していた涙が、ポトポトと流れた。そして、まるで、心配するかのような気配に気づく。

心の中で、ペンに話しかける。すると、ペンの声が響いて戻ってきた。

「閉じこもるな、チャレンジし続けろ。恐怖の世界に閉じこもって、自分を罰するな」

「閉じこもる？」

……そうか。

私は今、「閉じこもっている」んだ。ふと、自分の中の冷静な部分が、そう理解した。

閉じているから、何も入ってこない。温かな光さえ、差し込んでこない。その、硬い殻の中で、ただ自分だけを、サンドバッグにして責め続ける。

まさにこれが、「閉じこもる」ということだ。

「そうだ。よく気づいたな」

ペンが、優しい声で、私を褒める。

思わず、起き上がる。するとペンは、穏やかに続けた。

「落ちついて、考えてみろよ。そいつが言っていた言葉に、建設的なことがあったか？」

「……建設的なこと？」

落ちついてくると、状況が見えてきた。

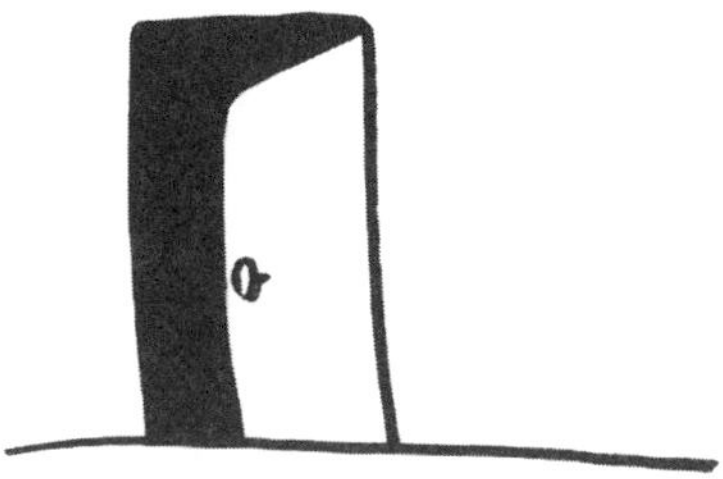

冷静に状況を思い出してみる。もし、私が不十分なら、三十分も欠点を責め続けるのではなく、「ノー」と、ひとこと言ってくれればよかった。

するとペンはうなずいて、こう問うた。

「お前は、サンドバッグにされただけじゃないのか？」

「私、……当たられただけなの？」

そういえば、確かに。

募集には、初心者歓迎・未経験者オッケーと書いてあった。それなのに、まるで矛盾するようなことばかりで、責め立てられた。

「よく、気づけたな。

確かに、失敗体験の直後に勇気を出すことは、とても難しい。

でも、本当にお前の見込みが甘かったんだろうか。本当に、お前には何もなかったんだろうか」

ペンが、こんなふうに言う時は、乗り越えられる時。その先に、ちゃんと答えがあって、自分の力でつかめる時だ。

私は、立ち上がった。広げっぱなしのノートに、言葉が浮かんでいる。

ペンからのアドバイス 14

- 全否定の先には、いい関係の可能性はない。
- アドバイスと、全否定を見分ける。
- 失敗の後に、ビッグチャンスが来る。失敗したら、チャンスに備える。

涙をぬぐう。

もう、ボロボロだ。でも、このボロボロな姿が、今の私。それでも、必死で心に耳を澄ませて、ひとつずつの状況を、ていねいに思い出してゆく。

確かに、あの人はイライラしていた。そして、イライラの理由はわからない。もしかして、今いる会社と同じような状況が、起こっているのかもしれない。本当のところは、わからない。でも、どのみち私は、満足してもらえなかっただろう。たとえ、どんな手を使っても。

そして、そんな状況でもし、受かったとしても……。

その会社で、自分を殺し、びくびくしながらやってゆくことは、本当に、よい選択だったのだろうか。それでは、まさに「ひとつ前」の、焼き直しになったのではないだろうか。

そう考えると、受からずして本質が見えてしまったことは、むしろ、よかったのでは……？

「失敗」とはきっと、自分を叩くことじゃない。振り返って、省みて、次への糧をひろうことだ。……そうか。これが、「失敗」という名の「調整」というやつか。

涙は、いつのまにか、乾いていた。

「いつもの儀式」がはじまった。

ペンと一緒の、人生をつくってゆくための「儀式」。

私は、しだいに強くなってきた。

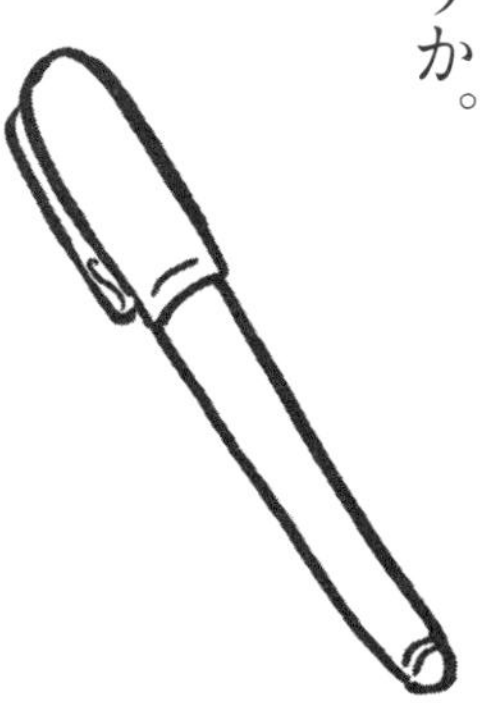

WORK-12：書き込んでみる

「失敗」とは、微調整のこと。それゆえ、「失敗」したことそのものを、全否定しない。

落ちついて、振り返ってみる。

うまくいったところ、合っていたと発見したところは、どこだろう。修正点は、どこだろう。

○ 仕事内容はオッケー
× 無理に受からなくてよかった
受かっていたら、ブラックでモラハラな職場だったかも
（いちばん苦手！）
一緒には、ずっと働けなかったかも

○ 細かい仕事の内容は、多分大丈夫
（派遣の経験があって、よかった！
見て察して、仕事の状況を判断するのは得意
ずっとやってきたことだった）

○ 休みのリズムも、大丈夫

仕事の内容も、だいたい想定通りだった

あの仕事なら、現状の私のスキルで、できそう

ものすごく大きな、イメージのギャップはなかった

仕事の雰囲気は好きだったけれど、

職場の雰囲気が無理だった

↓

合う雰囲気のところ

（あるのかなー、贅沢なのかなー。不安だなー）

WORK-12： 今度はあなたが書き込んでみる

【ペンからひとこと】


失敗とは、微調整のこと。

ひとくくりにして、全否定してしまうと、次の一歩を踏み出せなくなってしまう。

失敗したら、その中身を冷静に見てみることが、大切になる。そして必ず、そのプロセスそのものが、次への一歩になっている。

STEP 7

新しい場所からの歓迎を、うけとってゆく

［7-1］
誰もが「その時」を経験する

上司のつまようじも見納めの、最後の出勤が終わって一週間後。

私は、元の会社から通りふたつだけ離れた場所の、別のビルの前にいた。

そこはまた、ケイタリングの会社。

でも今回は、料理だけではなく、コミュニケーションの仕事も、事務仕事もある。多様な仕事の枠への、応募だ。

このあいだの大失敗を経験して、わかったことがある。それは、仕事自体はおもしろそうだということ。あれだけ否定されても、仕事自体への興味は続いている。

面接に行ってかいま見た、活気のある様子。食べものを介して、人の笑顔が動いてゆく感じ。ワクワクする雰囲気。そんな現場の雰囲気に、実際に触れるだけで、心がおどるのがわかった。

その上で今回は、事務仕事の経験と、「好き」がほどよく合わさった仕事。

今までの経験も、そしてこれから開拓する「第一希望の人生」のかけらも、どちらも入っている。

とはいえ、緊張し過ぎていることが、自分でも、手にとるようにわかる。口の中はからからで、うまく呼吸ができない。突然、水から出された魚の気持ちって、きっとこんなだ。

発送した履歴書と同じものを持って、エレベーターのボタンを押す。

目の前には、立派なエレベーター。それは、まるで威圧するかのように、輝きを放っている。

チン！　と音がして、ドアがひらいた。

すると突然、前回の光景が、フラッシュバックする。

部屋に閉じ込められて、逃げ場がない。そんな中で、さんざん酷評される……。

乗り込もうとする足がもつれて、よろけた。こんな立派な場所にある会社なんて、前回以上にハードかも……。

「あっ！」

手から、履歴書が離れて、ひらひらと床に舞う。拾おうとして、一歩を踏み出したら、誰かの手が見えた。

とたんに、ゴツン！

「すみません！」

エレベーターの中には、誰もいない……そんなふうに見えた。でも、私がぶつかったのは、いい香りがして、柔らかい誰か。

「いいのよ」

おじぎをした私の、頭の上のほうから、優しい声が聞こえてくる。

そっと頭を上げると、目の前に、美しい顔が笑っていた。その手が、履歴書を差し出してくる。

「ありがとうございます。ちょっと、緊張していて……」

慌てて履歴書を受け取る私に、女性は、優しく微笑んだ。

「何か、大切なことでも、あるのかしら。……履歴書？　面接かしら」

「とても大切なこと……真剣なチャレンジの、ど真ん中なんです」

柔らかい微笑み。決してばかにしたところのない、温かな笑顔。淡いベージュの服に包まれて、温かな存在が笑っていた。

「あら、そうなのね。がんばってね」

ふと、女性がつぶやいた。その目に、懐かしそうな光を浮かべながら。

「……私にも、あなたのような時、あったわ」

チン！　と、階数案内のベルが鳴る。

女性は、人懐こく、ちいさく手を振ってくる。そうして、ドアの向こうのきらびやかなフロアに消えていった。


大きく、息が吐けた。

……ああ。私、ついてる！

おかげで、緊張がとけた！

どう転んでも、これが、今の私。緊張し、どきどきし、立派にはほど遠い。

でも、勇気がある！

ぶっ叩かれた後、ふたたびリングに上がる、気骨がある。

できる部分も、できない部分も、ありのままの自分を受け入れると、勇気が出る。

「こうあらねばならない自分」

そんなものを、今もあいかわらず引きずっていたら、今日私は、ここにいない。なぜなら、そんな理想の私には、永久になれないことを知ったから。


深呼吸して、自分を整える。

大丈夫。

私はこの場所に、自分を叩きにきたわけじゃない。今日できることを、せいいっぱいしに来ただけだ。

ふと、ペンの声が、聞こえた気がした。

「それでいい。『盛った』自分を前提にスタートしていたら、ずっと盛り続けないといけないだろう？　それより、今の自分にオッケーを出して、そんな自分にオッケーを出されたほうが、幸福だ。その上で努力し続けたら、『盛った』自分より、もっと、遠くにゆけるだろう？」

非現実的で、頭の中の理想だけの私を、手放せた。だからこそ、ありのままの私で、チャレンジできる。


呼吸を整え直して、指定された部屋を、ノックする。

すると、

「どうぞ」

聞き覚えのある声。

そろそろとひらいたドアの向こうには、……たった今さっき見た、あの微笑みがあった。ベージュ色の、柔らかな雰囲気に包まれて。

向かいのビルの、古めかしい石造りの壁も、通りにある、鮮やかな蔓性の花をあしらったカフェの入口も。どの景色も、輝いて見える。

さっきは目に入りもしなかった、鮮やかな色、質感。

「ああ……」

受かっていても、受かっていなくても、どちらでもいい！

すべての会話が、色鮮やかによみがえる。

全力の勇気を出して、私は、自分を表現したのだ！

できること、できないこと。興味があること、努力したいと思っていること……。

「そう。人の笑顔が、夢なのね」

「はい。その空気感が、幼い頃から大好きなんです」

「好きって、いいことよね。好きだからこそ、いろいろな経験も、時にやってくる逆境も乗り越えられるわ。

それに『好き』って、伝染するのよ。それは、目の前の相手にも、必ず伝わるわ……」

親身な響きと、共感と、笑顔。まるで、ありのままの私を、歓迎してくれるかのように。

倒れても、ふたたび起き上がってチャレンジしたからこそ、新しい世界を知った。

お互いが、お互いの存在を肯定し合える世界が、本当にあることを。

ふと、こんな想いがやってきた。まるで、空気の中の香りに乗って、私に触れようとしているかのように。


閉じこもらずに、私の心が、世界につながっている時。

出会う必要のあるすべてが、きっと、つながっているのかもしれない。

WORK-13：書き込んでみる

チャレンジがうまくいった理由を、自分なりに書き出してみる。
何が合っていただろう。どんなところが、うまくいった理由だろう。

○ 雰囲気が合っていた！

これは、行って会ってみなければ、
全身で経験しなければ分からなかった

明るくて、温かそうな会社だった
雰囲気が明るければ、私はたぶん、がんばれるタイプ

○ 仕事内容もオッケー

現場と、事務の両方は、合っている
むしろ、自分で把握できることで、動ける感じがする
コツコツも、得意

○ 勉強が必要な感じが、逆に好きだった

いろいろ勉強して、向上できるかも

「向上したい」という、自分のニーズに合っていた

新しいことに、常にアンテナを立てているような会社さんだった

(自分が何を求めているか知るって、大事だな

自分の求めているものを知らなかったら、

合っていそうなものに出会っても、気づけなかったかも!)

○ 外国人のお客様もあるということ、英語を活かせそう!

(がんばる。ここ、成長ポイント!)

○ 何より、一度であきらめなかったのがよかった!

心を真っ白にして、チャレンジしたのがよかった!

(つくづく、一度の失敗で、あきらめてはいけないんだな……)

WORK-13：今度はあなたが書き込んでみる

【ペンからひとこと】

自分の強みは、次のステージの武器になる。
意識して、言葉に書いて、強みを自覚しておく。
遠慮する必要はない。自分の強みを、堂々と理解しておこう。

［7-2］

ずっと一緒

「おつかれさまでした！」

「おつかれ！　また明日、よろしくね！」

そんな言葉に見送られて、会社を後にする。

新しい会社に移って、二週間が過ぎた。覚えることばかりで、毎日が、とても慌ただしい。

あんなにドキドキしていたはずの、エレベーターのボタンも、今は毎日押す。石造りのグレーのビルの横を通って、花の綺麗なカフェの脇を抜けて、帰途につく。

ここは、ひとつ前の会社の、たった二ブロック隣。ふた区画しか違わない場所なのに、驚くことがある。

ここは、つい先日まで、知らなかった世界だ。押し付け合うための仕事ではなく、解決してゆくための仕事が、そこでは、行われていた。

同じエリアに、まったく違う世界が、最初からあった。ただ私が、その扉を押さなかったら、出会うことのなかった世界だというだけ。

そして、今の私には、以前と違うことがある。

それは、「自分で考えて、自分で選択する」ことを、よろよろと、はじめられたこと。

ただ受け身で、人からの評価だけで、右往左往していた時。自分を下げて、「逃げたい」「やめたい」「消えたい」……そんなふうに、毎日後ろ向きで過ごしていた。

でも、今は違う。

チャレンジのあいだに培った習慣もまた、なくなることがなかった。

帰宅して、紅茶を淹れる。

ノートを広げて、その日の気づきを、書き出す。学んだことを確認して、心の声を、ちゃんと聞く。

私の「第一希望の人生」を、もっともっと、深めてゆくのだ。自分の人生に、責任を持つために。


その日も、ノートに向かうと、いつもの、ペンの声がする。

もう、すっかりおなじみの、優しくて、力強い声だ。

その声は、こう告げた。


「お前が必死でチャレンジして、納得したことは、後悔しないいんだ。

そうじゃないものには、納得なんて、とうてい生まれてこないいし、納得しないいで生きる時間は、お前の時間でもないいんだぞ」


紅茶のマグカップを、手で包む。温かな温度が、手のひらに伝わってく

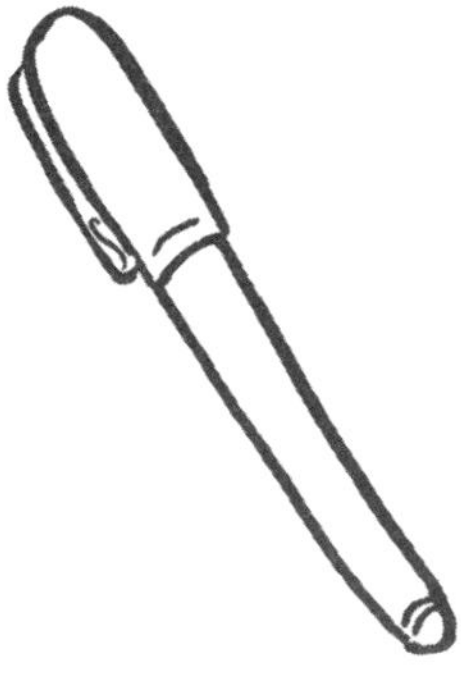

る。

「そうだね。……ペンには、本当に感謝だよ。私は、成長できた。この先も、成長できる気がするよ」

「大丈夫だ」と、ペンが続けた。そして私たちは「二人」で、ここまでの道のりの、あれやこれやを、とりとめもなく、いろいろと分かち合った。号泣した日のこと。それでも、立ち上がった日のこと。それよりも前の日々、まるで、死んだように生きていた日のこと……。

こんな短いあいだに、たくさんの涙と、本物の笑顔に出会った。目の前の一日を、全力で、毎日生きた。

そして、人生が変わった。今は、明日という時間が、希望に変わっている。

それはまるで、奇跡だ。ずっとほしかった、奇跡。

マグカップに満ち満ちている、黄金色の液体が、揺れる。ペンの深い声が、心に響いてくる。

「自分に、誇りを持て。

大丈夫。

気づかなくとも、今までもずっと、そうやって乗り越えてきたはずだ。

だから今、お前はこうやって、生きている。

大丈夫だ。
そして、自分に感謝だぞ」

ペンからのアドバイス 15

☑ ひとつずつのプロセスとシンクロして、現実が変わってゆく。
☑ チャレンジは、必ず報われる。いちばん、いい形で。
☑ 過去の努力を認める。ここまで歩いてきた自分に、誇りを持つ。

そう言って、それきりペンは、しゃべらなくなった。
私は、ペンの返事を待った。
でも、しばらく待ってみても、ペンは、ぜんぜんしゃべらない。
一時間待って、一日待って、三日待った。
でも、ペンはそれきり、しゃべらなくなった。
ペンは、シルバー色の、普通のペンに戻った。

四日目に、イチゴの乗ったショートケーキを買ってきた。

とっておきのティーポットを出してきて、いちばんの茶葉で、紅茶を淹れる。黄金色の液体で、マグカップがいっぱいになった。

ペンの脇に、ショートケーキを置く。するとまるでそれは、誕生日と、その贈りもののように見えた。


「ペン、ありがとう」


ペンが私にしてくれた、たくさんのこと。思い返すと、涙が出てくる。涙は次々にあふれて、ケーキの周りに、ぽたぽたと、しずくの模様をつくった。

今まで誰も、私にこんなに本気になってくれたことなんて、なかった。来る日も来る日も、弱音とぐちばかり。怖くて、心細くて、どこから手をつけていいか、何ひとつわからなかった。

でも、私は今日、笑っている。

明日という時間も、生きたいと願っている。そしてそれは、この、たった短期間のあいだに起こった。

こんな大きな変化を考えたら、それは奇跡だ。


泣きごとばかりの私を、ひたすら支えてくれた、銀色の、優しい存在。

目の前で穏やかに光る、銀色の姿。

胸が、ぽっかりと、さみしい。

また、話したい。
でも不思議と、強がりではなく、「大丈夫」とも言える。
なぜなら、今でもはっきり、ペンの声が聞こえるから。
今度は私の、心のど真ん中から。

ずっと、一緒にいる。この大切な存在と、二度と離れることはない。
だから、さみしくない。
私の時間を変えてくれた、温かな存在。
それは、私の人生の一部となって、ずっと一緒にいる。
この地上での、私の時間が終わるまで。

WORK-14：書き込んでみる

この変化のスタート地点は、どんなふうだっただろう。その地点と、「今」を見くらべてみて、どんなことを感じているだろう。
この変化の旅で、得た気づきを、書いておく。

[スタート]

どん底、未来ない
今思えば、生きる気力もなかった
好きなことから、遠かった
そうやって生きていいと、思えなかった

自分のことを、知らなすぎた
自分が、何が好きかを知らなかった
考える権利があるとも、思っていなかった

自分のことをよく知らないのに、まるで、手当たりしだいに石を投げるみたいに、好きな生き方に当たらないかと思っていた
今思い返せば、そんな生き方だった
(これを「投げやり」というのかも……)

自分を、そまつにしていた
自分を大切にしていなかった
自分の心の声なんて、聞いていなかった。無視していた

【今】

毎日向上してゆくのが、楽しい
学んでゆく楽しさが、私には合っている

自分と向き合う習慣がある
自分で、自分のことを知ろうとする

「もやっ」とすることがあっても、にぎりつぶさない
放置しない
放っておかない
ちゃんと、自分の心と対話して、自分で選択している

「自分も、生きたい人生を望んでいいのだ」と考えられたことが、
大きかった
勇気を出して、その生き方を信じてみたことが、大きかった
ささやかだけれど、私には、大きな人生
自分が望むように生きていいなんて、想像がつかなかった
でも今は、それが現実
がんばってみて、本当によかった

WORK-14: 今度はあなたが書き込んでみる

[スタート]

【今】

【ペンからひとこと】

自分がなしとげたことを、誇りに思おう。それが、どんなに大きくとも、どんなにちいさくとも、関係がない。
ひとつずつのステップやプロセスを、根気よく乗り越えてきた自分を、たくさん認めよう。

エピローグ——

道は続く

夕暮れの、いつもの道。

ちいさな川沿いの、アスファルトの遊歩道から、夕日にきらめく水面が見える。

家路に急ぐ人々が、買いもの袋をかかえて、行き来する。私も、いつものスーパーの買いもの袋をぶらさげていた。

そこかしこから、ちいさな生活の音。いつもの、陽気な笑い声。

決して高くはない、建物たちの向こうから、月がのぼってくるのが見える。


いつもと同じはずの景色に、まじまじと目を凝らした。

不思議だ。

見慣れた景色が、まったく違って見える。それは、体感と質感で、私とつながっていた。

ほんの少し前まで、自分が、この世界ののけものみたいに思えた。でも今は、この世界の中で私は、確かに生きている。

そうだ。ここは、私が住んでいい世界。

私もその一員であっていい、とびきり不思議で、温かくて、愛おしい世界。


突然、たくさんの蝶たちが、目の前を横切ってゆく。

まるで、鳥の群れみたいにあらわれて、変化を祝福するように踊って、吸い込まれるように去っていった。

「おめでとう！」とでも言いたげな、一瞬の、空気のざわめき。

けれど、不思議だ。

周りにいる誰も、あの蝶の群れに、気づいていないのだろうか……。


「あれっ？　どうしたの？」

聞き慣れた声に、振り向けば、犬の鼻。鮮やかなブルーのリードをたどってゆくと、おじさんと犬だった。

撫で慣れた、茶色の毛並みを撫でて、おじさんに挨拶をする。

「いい顔してますね。何か、いいことあったのかな」

私は、ふふと笑う。

「ちいさなことだけれど、できたんです。自分で、自分の人生を、きちんと切り拓けました。

チャレンジ、できたんです。ちゃんと私にも、できちゃいました。

死ぬわけじゃないんですね」

穏やかな夕風が、ほほを撫でてゆく。その風は、水際の柳を優しく揺らして、繰り返し踊って、吹き抜けていった。

たぶん、道を見失うこともあるだろう。でも、その時もきっと、ひとつずつ乗り越えてゆく。

変化のタイミングに乗り遅れるごとに、人生が、詰まってゆく。……そのことを、ちゃんと学んだから。


「『人間にとっての最大の発見、最大の驚きは、

「自分には無理だと思っていたものが、実はできる」と気づくことだ』

というじゃないですか。

ちなみにこれは、ヘンリー・フォードの言葉」

私は笑うと、犬をもっと撫でようと、買いもの袋をアスファルトの上に置いた。すると、見慣れたマークが、目に飛び込んでくる。

「ペン……」

思わず、懐かしい人の名前を呼ぶ。それは、人ではなく「モノ」であったはずなのに、そんなことは、とっくに関係がなかった。

犬の首に巻かれた、ブルーの首輪。

そこにつけられたチャームのひとつに、ペンのロゴと同じマーク。

「おじさんは……」

ハッと見上げた私の顔に、おじさんは、優しくウインクする。

「おめでとう。

『自分自身を、信じてみるだけでいい。

きっと、生きる道が見えてくる』

……これは、ゲーテの言葉だよ」

（おしまい）

おわりに

さあ、次はあなたの番です。

主人公からあなたに、バトンが渡されました。

この先のストーリーは、あなたがつくってください。あなたの望みの人生を、実際に、リアルで「生きる」という、冒険の中で。


一冊の、本。

それは、「紙に印刷された、ただの文字」と言うこともできるでしょう。

でも、それは同時に、入念に準備され、いちばんベストのタイミングでラッピングされた、考えと経験のプレゼントとも言えます。

本との出会いは、距離も時代も超えてしまいます。そうして、直接心に届けられるのです。

私自身も、本に助けられて今があり、今でも毎日、助けられています。

助けは、探せばいつでも、周りに見つけられるから、大丈夫。うまくゆきます。

重ねて、答えは、あなたの心が知っていますから。

関西弁ネイティブチェック済：
*本文中・途中部分までに登場いたします関西弁は、神戸弁で統一させていただいております

また、私の本の読者の中にも少なくない、手助けが必要な「お仲間さん」へも、メッセージをひとこと。

手助けが必要な時は、きちんとサポートをもらって、試してみてください。豊かな時間になりますようにと、お祈りしています。


最後に、いちばん大切な言葉を。

それは、「あきらめないで」という言葉。本文中でも、いちばんかんじんのところに、登場する言葉です。

夢をかなえてゆく中での、現実の変化。それは、一本道みたいに、綺麗にはゆかないでしょう。後から振り返って見てみると、一本の道に仕上がっていることに、驚きます。でも、その道を歩いているさいちゅうは、目のまえの、次の一歩だけに、必死のはず。

綺麗な道になっていないから、方角を見失ってしまったからといって、あきらめてしまったら、そこで終わってしまいます。

何度「失敗」しても、心に耳を澄ませて、ふたたび立ち上がってみる。「失敗」とは本当に、「調整」に過ぎないのですから、恐れる必要は、何もないのです。


誰の時間も、いちばんその方らしく、輝きますように。この時間を去る時に、何ひとつ、心残りのないように。

そして、あなたの冒険談も、いつの日か、聞かせてくださいね。私たちはみんな、不思議なやりかたで、この世界の中でつながっていますから。

参考文献：
『心が元気になる美しい絶景と勇気のことば』
（パイ インターナショナル／パイ インターナショナル編著／2017）
*表記統一のため、本文中で使用いたしました引用部分の漢字表記を、ひらがな表記に変更させていただいている部分がございます

ペンからのアドバイス 01

全身で「感じること」を通じて、心のサインをうけとる。

身体と同じく、心も成長する。
心の成長を止めてしまうと、人生がゆきづまる。

ペンからのアドバイス 02

「第一希望の人生」を生きることなら、誰にでもできる。

「幸せな人生」は、肩書きや持ちものとは、ほとんど関係がない。
幸せな人たちとは、「自分の人生」を生きている人たちをさす。

ペンからのアドバイス 03

感覚に注意を払ってみる。本気の変化は、心から強い衝動がやってくる。

本気の変化は、未知で怖い。
外側の、形だけの変化は、それほど怖くない。

ペンからのアドバイス 04

「プライド」は置いておいて、「誇り」を大切にすると決める。

「プライド」とは、「他人からどう見られるか」が、中心になっている。
「誇り」とは、自分の人生を尊重するための、大切な考え。

ペンからのアドバイス
05

過去を、全否定するのをやめる。

過去には、時々に埋めた「宝」が、たくさん詰まっている。
辛い時間ほど、学びも多い。知らずに埋めた「宝」も多い。

ペンからのアドバイス
06

ちいさな「得意」を、いくつも探す決意をする。それらが組み合わさって、次のステージを生きる武器になる。

「一番」の人間だけが、幸福になれるという考えは、誤り。
いくつかのちいさな「得意」があれば、十分生きられる。

ペンからのアドバイス

07

自分という人間を、きちんと理解すると決意する。自分以上に、自分を理解できる人間はいないから。

「変わる」ことは、違う「型」に入ることではない。
「どん底」は、道のりを半分まで来たあかし。

ペンからのアドバイス

08

弱みではなく、自分の強みを探すことを、いつも意識する。

変化とは、自分をもっと知るために、起こるもの。
変化は、次の人生をつくってゆくタイミングで起こる。

ペンからのアドバイス
09

「変わること」は、過去の否定ではないことを、理解する。

何かがダメだから、変えないといけないわけではない。
変わることは、心が成長してゆくことで生じる、自然なプロセス。

ペンからのアドバイス
10

「第一希望の人生」を見つけるためには、心が強く動くものを追う。

誰でも、自分なりの「第一希望の人生」がある。
「第一希望の人生」は、全員違う。

ペンからのアドバイス
11

壁に、ぶち当たったら。まだ試したことのない方向に、勇気を出して、チャレンジしてみる。

自分の「第一希望の人生」にだけ、責任を持つ。
他人は、よい意味で放っておく。

ペンからのアドバイス
12

一度に全部のプロセスが、見えなくともいい。目のまえの、ひとつのステップにだけ集中する。

「やる」と決めたら、想定の二十倍のプロセスを覚悟する。
自分を「落とす」のは、無駄なプロセス。

ペンからの
アドバイス
13

「第一希望の人生」のかけらを、たくさん探す。
かけらを合わせて、自分の「人生地図」をつくる。

「変える！」と決めた時が、自分のベストタイミング。

ペンからの
アドバイス
14

失敗の後に、
ビッグチャンスが来る。
失敗したら、チャンスに備える。

全否定の先には、いい関係の可能性はない。
アドバイスと、全否定を見分ける。

ペンからの
アドバイス
15

過去の努力を認める。
ここまで歩いてきた自分に、
誇りを持つ。

ひとつずつのプロセスとシンクロして、現実が変わってゆく。
チャレンジは、必ず報われる。いちばん、いい形で。

この段階で、
心に刻むべきこと
01

・大切なのは、その場を「勝つこと」ではない。
大切なゴールは、「WIN - WIN」と、
長続きする豊かさ。

・目のまえの目標は、自分の「第一希望の人生」と、
シンクロしているだろうか。
意識して、確認するクセをつける。

これから
一生持つと
いい習慣
01

[1]他人の意見と対話しない。
かわりに、自分と対話する。

[2]他人から認められる目的で、決断をしない。

[3]自分が納得することで、
自分の人生を更新してゆく。
生きているあいだ、ずっと、そうする。

この段階で、
心に刻むべきこと
02

・絶対に成功する、計画の立てかたをする。
最初から、無理の詰まった「失敗計画」にしない。

・「立派な計画」は、「失敗計画」のもと。

・まずは、目のまえの、ちいさなひとつにチャレンジする。

・いつも失敗する場合は、自分が悪いのではなく、
計画の悪さを疑ってみる。

・「絶対に成功するのでなければ、やるな」……は、
「失敗するための計画」。

これから
一生持つと
いい習慣
02

[1]チャンスは、自分から探す。受け身にならない。

[2]チャンスとは、対等と考える。

この段階で、
心に刻むべきこと

03

・最初から、現実的な計画にしておく。
必ず、そうできる道がある。

・最低三度は、チャレンジのチャンスをつくる。

これから
一生持つと
いい習慣

03

［1］時間＝「お金」と交換するもの
時間＝「命」そのもの
どちらも大切な考えであると、理解する。

［2］「お金」という要素を、否定しない。
「お金」は、「能力」と交換する。
つまり、自分の「賢さ」と交換する。
「お金」は、自分の賢さを示しているものと考える。

この段階で、
心に刻むべきこと

04

・何ごとにも否定的な人は、気にしない。

・計画が否定されても、
自分が否定されたわけではない。

・もっとよい展開は、ピンチの後に、必ずやってくる。
落ち込むかわりに、チャンスに備えておく。

これから
一生持つと
いい習慣

04

[１]最低三回の失敗は、織り込み済とする。
それが、現実的な計画の立てかた。

[２]心が「YES」と言ったら「進め」。
「NO」と言ったら「撤退」。
自分の心が発しているサインを、読む練習をする。

[３]「進め」と「撤退」は、他人ではなく、自分が決める。

WORK-01 のポイント

今の状況にとどまったまま、チャレンジ「しないで」、得るものはなんだろう。
逆に、失うものはなんだろう。
-
チャレンジして、得る可能性のあるものは、なんだろう。
逆に、チャレンジして、失うかもしれないものは、なんだろう。

【ペンからひとこと】

今までと違う生きかたにチャレンジしようとすると、「すべてを失う」という恐れが、湧いてくる。でも真実は、何かを失い、そして何かを得る。
前進したほうが、得るものが多いこともある。とどまっているほうが、失うものが多いこともある。書き出して、冷静に確かめてみる。

WORK-01のまとめ・気づき

𝕮 P.050の気づきを、あらためてまとめてみる

WORK-02 のポイント

なぜ、望む人生を、生きられないと思うのか。

理由を、書いてみる。非現実的な答え、辻褄の合わない答えが出てきても、気にしない。


【ペンからひとこと】


心に渦巻いていることを、書き出してみると、辻褄が合わない考えが、たくさん出てくることに気づく。

それらの考えは、光が当たるまでは、おびやかし続ける。でも、光を当ててゆけばゆくほど、それらの考えは力を失う。

意識して気づいて、書き出せば書き出すほど、意味のない混乱から解放されてゆく。

WORK-02 のまとめ・気づき

P.054の気づきを、あらためてまとめてみる

WORK-03 のポイント

過去に達成したこと、学んだこと。経歴や資格があれば、どんなちいさなことでも、書いておく。それは、自分の宝もの。

-

経歴や資格のように形にあらわせない、強みも書き出してみる。

それは「好き」や「得意」、よく褒められることと関係している。

自分では「たいしたことない」と思っていても、よく褒められることを、素直に書き出してみる。


【ペンからひとこと】


「たいしたことない」と思っていることを、いちいち書き出してゆく。

なぜなら、その組み合わせは、自分なりの「宝の組み合わせ」だから。

あなたと同じ組み合わせを持っている人は、文字どおり、この世に一人もいない。

その組み合わせは、十分「強み」になる。

WORK-03のまとめ・気づき

ℭ P.064の気づきを、あらためてまとめてみる

WORK-04 のポイント

「暗闇の時間」と思い込んでいた過去の時間の中で、蓄積した「宝」はなんだろう。特に、精神的な宝は、なんだろう。

過去に経験した気持ちや考えは、次のステージの強みになり得る。

目に見えない価値は、理解しづらい。だから書き出して、目に見えるようにしておく。


【ペンからひとこと】


過去に経験した、辛い経験や試練は、どんな強さをもたらしてくれただろう。

その出来事は、自分がどんな人間で、どこに強さを持っていると、教えてくれただろう。

その宝を、見過ごすことはできない。しっかりと書いて、強みとして、意識しておく。

WORK-04 のまとめ・気づき

P.074の気づきを、あらためてまとめてみる

WORK-05 のポイント

過去の経験で蓄積した、気づきはなんだろう。
どのような、見えない価値観の中で生きるのが、心地よいと学んだだろう。
その気づきは、宝。
目に見えないものは、理解しづらい。だから書き出して、目に見えるようにしておく。

【ペンからひとこと】

見える価値は、文字どおり見えやすい。けれど、だいたいの場合に問題になるのが、見えないほうの価値。どんな価値観が嫌で、それゆえ、どんな価値観の中に生きたいのかといった、目に見えづらい考えのことをさす。「日々を生きてゆく、基本的なムード」という言葉で、言いかえられるものでもある。
「生きたくない価値」から逆引きして、「生きたい価値」を書き出しておくことは、とても重要だ。

WORK-05 のまとめ・気づき

P.086の気づきを、あらためてまとめてみる

WORK-06 のポイント

あなたの「第一希望の人生」は、どんなものだろう。

心の中に渦巻いている、言葉にならない言葉を、書き出してみる。世間から見た「これが理想の生きかた」は、置いておく。


【ペンからひとこと】


「第一希望の人生」とは、「これぐらいなら生きられる」人生ではない。

そうではなく、自分の心の中に眠る、最高のイメージの人生のことをさす。

変に遠慮して、最初から最高をイメージしないから、あとでややこしいことになる。

人生は、奪い合いではない。それぞれの人生が、それぞれに用意されている。だからまずは、自分の「第一希望の人生」を、責任を持ってイメージする。

WORK-06のまとめ・気づき

P.100の気づきを、あらためてまとめてみる

WORK-07 のポイント

今、この状況を、どちらの方向に進めたいだろう。どんなふうに、なったらいいだろう。

紙の上でいい。方向をイメージしてみる。まったく、都合のいいイメージでかまわない。


【ペンからひとこと】


「方向をイメージしてみる」というのは、「こういう状況だから、望めるのはこれぐらい」という、意味ではない。

そのように最初から、制限のかかったやりかたで、考えてはいけない。

現実として、この世の中には、無限の可能性がある。私たちはただ、可能性の全部を「知らない」というだけだ。

だからまずは、自分から状況を制限するのをやめて、できるかぎり最高の方向を、素直にイメージしてみる。

WORK-07 のまとめ・気づき

P.110の気づきを、あらためてまとめてみる

WORK-08 のポイント

過去の間違い、恥ずかしい失敗と自分が思っていることを、書き出してみる。

無意識に、自分を状況に引きとどめているかもしれない、心の中に渦巻いている考えたち。

書くことで、それらを意識化して、取り出してみる。

その時の感覚も、思い出してみる。


【ペンからひとこと】


書き出したものを落ち着いて見てみると、それは、誰でも経験することではないだろうか。その時の自分なりに、最善を尽くしたと言えないだろうか。

心の中に渦巻いているものは、恐ろしく見える。だが、書き出してみると、恐れる必要はないと気づける。

WORK-08 のまとめ・気づき

P.118の気づきを、あらためてまとめてみる

WORK-09 のポイント

「第一希望の人生」の要素を、書き出してみる。

具体的なモノの名前で、書き出さない。どんな言葉でもいい。自分が「それらしい」と感じる手触りの言葉で、要素を書き出してみる。


【ペンからひとこと】


整理整頓して、きれいに書こうとしない。思いつきそのままに、とにかく書き出してみる。言葉も、まとまっていなくとも、かまわない。

あとで見返してみて、意外な組み合わせや、新しい気づきがおとずれるかもしれない。

決まり切った枠の中で考えるより、気づきの可能性のほうが、ずっと大事。

WORK-09のまとめ・気づき

P.138の気づきを、あらためてまとめてみる

WORK-10 のポイント

「第一希望の人生」に、具体的な一歩を踏み出すために、どんな機関・団体・チャンスにチャレンジすれば、うまくゆきそうだろうか。
まずは、アイディアを書き出してみる。整理整頓されていなくともよい。

【ペンからひとこと】

「まずは、書いてみる」ということが、大切になることがある。「あれこれ考え過ぎるより、書き出してみる」ということだ。
いったん書きはじめると、今まで眠っていたアンテナが動きはじめ、気づかなかった情報が見えはじめ、さまざまな可能性がキャッチできるようになるからだ。

WORK-10のまとめ・気づき

P.142の気づきを、あらためてまとめてみる

WORK-11 のポイント

「第一希望の人生」のために、次に踏み出せそうな一歩を書いてみる。さらにそれを、ステップに分けてみる。いちばん簡単にできそうなもの、直感が「これがいい」と感じるものから、踏み出してみる。

【ペンからひとこと】

次に踏み出せそうな一歩は、整理整頓されていなくともよいし、合理的でなくともいい。
アンテナを張り、さまざまなアイディアを出して、試してみる。
理屈だけではなく、直感もまた、大切にする。心に聞いて、直感に耳を澄ませてみると、いいアイディアをもたらしてくれる。

WORK-11のまとめ・気づき

P.154の気づきを、あらためてまとめてみる

WORK-12 のポイント

「失敗」とは、微調整のこと。それゆえ、「失敗」したことそのものを、全否定しない。

落ちついて、振り返ってみる。

うまくいったところ、合っていたと発見したところは、どこだろう。修正点は、どこだろう。


【ペンからひとこと】


失敗とは、微調整のこと。

ひとくくりにして、全否定してしまうと、次の一歩を踏み出せなくなってしまう。

失敗したら、その中身を冷静に見てみることが、大切になる。そして必ず、そのプロセスそのものが、次への一歩になっている。

WORK-12のまとめ・気づき

P.162の気づきを、あらためてまとめてみる

WORK-13 のポイント

チャレンジがうまくいった理由を、自分なりに書き出してみる。
何が合っていただろう。どんなところが、うまくいった理由だろう。

【ペンからひとこと】

自分の強みは、次のステージの武器になる。
意識して、言葉に書いて、強みを自覚しておく。
遠慮する必要はない。自分の強みを、堂々と理解しておこう。

WORK-13のまとめ・気づき

P.174の気づきを、あらためてまとめてみる

WORK-14 のポイント

この変化のスタート地点は、どんなふうだっただろう。その地点と、「今」を見くらべてみて、どんなことを感じているだろう。
この変化の旅で、得た気づきを、書いておく。

【ペンからひとこと】

自分がなしとげたことを、誇りに思おう。それが、どんなに大きくとも、どんなにちいさくとも、関係がない。
ひとつずつのステップやプロセスを、根気よく乗り越えてきた自分を、たくさん認めよう。

WORK-14のまとめ・気づき

P.184の気づきを、あらためてまとめてみる

書くことは、夢をかなえること

発行日　2018年　11月20日　第1刷

Author　藤沢優月

Illustrator　村山宇希
Book Designer　矢崎進＋大類百世＋竹鶴仁惠（yahhos）
Publication　株式会社ディスカヴァー・トゥエンティワン
〒102-0093　東京都千代田区平河町2-16-1 平河町森タワー11F
TEL 03-3237-8321（代表）FAX 03-3237-8323　http://www.d21.co.jp

Publisher　干場弓子
Editor　千葉正幸＋渡辺基志

Marketing Group
Staff　小田孝文　井筒浩　千葉潤子　飯田智樹　佐藤昌幸　谷口奈緒美　古矢薫　蛯原昇
安永智洋　鍋田匠伴　榊原僚　佐竹祐哉　廣内悠理　梅本翔太　田中姫菜　橋本莉奈
川島理　庄司知世　谷中卓　小木曽礼丈　越野志絵良　佐々木玲奈　高橋雛乃

Productive Group
Staff　藤田浩芳　原典宏　林秀樹　三谷祐一　大山聡子　大竹朝子　堀部直人　林拓馬
塔下太朗　松石悠　木下智尋

Digital Group
Staff　清水達也　松原史与志　中澤泰宏　西川なつか　伊東佑真　牧野類　倉田華
伊藤光太郎　高良彰子　佐藤淳基

Global & Public Relations Group
Staff　郭迪　田中亜紀　杉田彰子　奥田千晶　連苑如　施華琴

Operations & Accounting Group
Staff　山中麻吏　小関勝則　小田木もも　池田望　福永友紀

Assistant Staff
俵敬子　町田加奈子　丸山香織　井澤徳子　藤井多穂子　藤井かおり　葛目美枝子　伊藤香
鈴木洋子　石橋佐知子　伊藤由美　畑野衣見　井上竜之介　斎藤悠人　平井聡一郎　宮崎陽子

Proofreader　株式会社鷗来堂
Printing　日経印刷株式会社

ISBN978-4-7993-2387-8